SHODENSHA
SHINSHO

誰も書かなかった老人ホーム

小嶋勝利

祥伝社新書

まえがき

「有料老人ホーム」とは、かつては一部の富裕層高齢者だけのものでした。しかし現在、有料老人ホームは広く一般化し、多くの高齢者の終《つい》の棲家《すみか》として定着しつつあります。本書は、そんな有料老人ホームに入居を検討している多くの高齢者や、その家族の指南書として書き上げたものです。

したがって、本書は法や制度について必ずしも厳格な解釈の元には書かれてはいません。さらに、入居者として〝知らなくても影響がない〟と判断した部分については、簡略化しています。

介護保険事業は、多くの法律に基づいて実施されているため、その制度解釈については「オタク」が存在するほど奥が深いものです。しかし、介護は〝人の生活を支えているだけのものである〟という考えに立った場合、小難《こむずか》しい制度を入居者やその家族が知っていても、快適な生活を送る上で何ら役に立たないと、私は考えています。

「難解なものをできる限り簡単に」「誰にでもイメージができて明日からの老人ホーム選びにすぐに役に立つものを」。私は、本書ではそのような視点を常に念頭において書きました。

長く老人ホーム業界に携《たずさ》わった私にとって、解決しなければならないと考える永遠のテーマに「入居者と老人ホームとのミスマッチの解消」があります。どんなに細心の注意を払っていても、このミスマッチは、一定数どうしても発生してしまいます。この「ミスマッチ」をどうにかしたい。そして、もっと多くの高齢者やその家族に、有料老人ホームを利用してもらいたい。そのためには、建前ではなく、本当の有料老人ホームの現状を理解してもらわなければなりません。

とかく高齢者介護は、さまざまな意見や思想が入り混じり、専門家の間でも意見が対立してしまいがちです。ましてや普段、縁の少ない方々にとっては、何が正しくて何が間違っているのかさえわからないのではないでしょうか。

私は経験に基づき感じた事実をできる限りありのままに、私の実感を率直にお伝えすることにより、本書を通して少しでも入居を考えている高齢者や家族の参考になれば、と考えています。そして、有料老人ホームは、実に素晴らしいところであるということを、一人でも多くの方々にお伝えすることができれば、と思っております。

私が現役の介護職員だったころは、老人ホームのことを世間では「姥《うば》捨て山」と呼んでいた時期もありました。しかし、今では、多くの入居者やその家族が、有料老人ホームで安心した生活環境を手に入れています。聞いた話によりますと、在宅生活をしている方よりも、老人ホームで生活をしている方のほうが長生きだといいます。

本書が有料老人ホームに入居を考えているみなさまにとって、本当に役に立つ存在になることを願ってやみません。

本書を上梓するにあたり、祥伝社の水無瀬氏には多大なる労力とご負担をお掛けいたしました。

平成三十年一月

小嶋勝利《こじまかつとし》

目次

第２章　ホーム職員の実態を知る　51

第3章　老人ホーム崩壊　115

目次

第４章　介護保険事業の本質を知ろう　169

目次

第5章　老人ホームで好かれる人、嫌われる人　209

第1章

老人ホームには「流派」がある

老人ホームには、多くの「流派」が存在している

茶道や華道、日舞《にちぶ》の例を出すまでもなく、一見、同じように見えても日本文化の中のそれぞれの流派には流派ごとのこだわりやルール、作法などが存在していることは、誰もが知っていることでしょう。あなたが老人ホームに入居を検討しているのであれば、事前に老人ホームの「流派」を確認しなければならないかもしれません。老人ホームに「流派」？　そう、老人ホームにも「流派」があるのです。

老人ホームの「流派」は、いったいどのようにして決まるのでしょうか？　教科書通りの言い方をすれば、老人ホームの「流派」は、会社の介護方針、介護理念などをベースにして決まっていきます。

しかし、実際には、老人ホームのホーム長（管理責任者）の考える「流派」が、そのままホームの介護スタイルになっていくのが現実でしょう。さらに話をややこしくしているのは、多くのホームで、ホーム長などの管理者がホーム内を正しく仕切れていない、という事実です。

老人ホーム内の統治と一言でいっても〝言うは易《やす》し　行なうは難《かた》し〟であり、ホー

ム長がしっかりと統治をするのはそうそう簡単ではありません。それゆえ、中には介護方針は介護現場に任せ、ホーム長は運営（収益管理）に特化しているホームもあります。

ホーム長が介護現場に口を挟まないこのようなケースでは、ホームの「流派」は看護師や介護主任の考え方に左右されていきます。

ホーム長による統治が上手《うま》くいっていない老人ホームには、複数の「流派」が存在し、「流派」同士で権力争いが生じています。

「流派」同士の権力争いと書くと、政治家の派閥争いのようなイメージを持ってしまう読者もいるでしょうが、老人ホームでの権力争いとは、自分たちの「流派」で介護サービスを提供したい、ということにほかなりません。まじめに介護に取り組んでいる多くの介護職員には、介護に対する思いや考え、こだわりがあります。そして彼らの多くは、介護業界に入って最初に師事した先輩の「流派」を引き継いでいるのです。

現在の老人ホームの職員は、そのほとんどが既存の介護事業所からの転職組なので、極端なことを言えば、職員の数だけ「流派」が存在しています。

経営者なり、ホーム長なり、介護主任なりのリーダーシップが発揮されているホームは、一定のガバナンスが存在し、統一された介護サービスを提供することができます。しかしそうでない場合、職員ごとにやり方が違い、そのたびに違和感を持っている入居者や家族は多いはずです。なかでも一番違和感を持っているのは介護職員であることは言うまでもありません。

老人ホームの口コミ情報が、まったく入居時の判断には役立たない理由

インターネットの普及により、近年、老人ホームの口コミサイトなるものも増えてきています。しかし私は、老人ホームへの入居を考える場合、口コミサイトはまったく役に立たない、と考えています。

理由の一つは、介護は医療とは違い、エビデンス（検証結果）がまだまだ確立されていないからです。２０００年に介護保険制度が始まってまだ十数年の歴史しかなく、介護業界全体の中での「暗黙知」が、臨床手続きを踏んで「形式知」に変換できているところまで、いきついていません。ほんの数十年前の高齢者介護とは、自宅で

素人《しろうと》の嫁さんが独自に行なっていた、自己流の生活支援だったはずです。それを、医療と同じレベルまで持っていくのは、数年先の話ではないでしょうか。

さらに、医療現場と違い、介護現場で介護職として働く者の中には、いまだに無資格者も多く存在します。さらに話を複雑にしているのは、能力の高い介護職員が皆、国家資格を取得し専門的な教育を受けているとは限らない、ということです。むしろ、無資格の介護職員のほうが能力が高いという現象も、老人ホームをはじめとする介護施設では数多く散見されます。

つまり、教科書に記載されている標準的な介護技術や知識を取得している職員が、良い介護職員であるという評価にはなりにくいのです。介護職員の評価はきわめて個別性が高く、情緒的な要素が強いのが特徴です。端的《たんてき》に言えば、入居者の考え方、受け取り方次第ということになってしまうのです。

さらに、老人ホームに入ることが近年増えてきたとはいえ、まだまだ、普及しているとは言い難い状況です。私たちの一般的な生活の中に、医療機関ほどには介護事業所は浸透しているとは言えないのです。

読者の皆さんは、最低でも1年に一度くらいは、何らかの医療機関を受診しているのではないでしょうか。しかし、老人ホームに入居した〝経験がある〟という人は、少ないはずです。

つまり、老人ホームの実態はほとんど知られてはいない、ということになります。ほとんど何も知らない人たちにとって、他人の口コミ情報は、かえって自身の考えをまどわすだけではないでしょうか。

レストランやホテルなどの口コミ情報は、それを使う人がレストランやホテルを何度も利用した経験があり、常に過去の経験と比較することができるからこそ、価値があるというものでしょう。口コミ情報に記載されている内容を確認し、「やっぱり」「自分もそう思った」「そこまでひどくはなかった」という感想を持つことができるので、「役に立つ」のです。

百害あって一利なし。これが老人ホームにおける口コミ情報の効用です。素人による、きわめて個別性の高い評価を、これまた素人が真《ま》に受けても何も役には立ちません。老人ホームについては、百聞《ひやくぶん》は一見《いつけん》に如《し》かずということが言えるのです。

以前、私が介護職員として働いていた時の話です。そこは、いわゆる富裕層をターゲットにしていた高級ホームでした。そこに、ある有名な大企業の元会長Aさんが入居してきました。一般に高級ホームとそうでないホームとの違いは、調度品などのインテリアや設備などの「質」にもありますが、一番の違いは、ホームに配置されている介護職員の「数」の差です。

当然、高級ホームのほうがその高級度合に応じて介護職員の配置人数は多く、その分、手厚い介護サービスが可能になります。Aさんの家族も「うちのお父さんは、我《わが》儘《まま》で手がかかるから職員が多くて至れり尽くせりのほうが、きっと合っているに違いない」と考え、高級ホームへの入居を決めました。

しかし、実際にAさんが入居してみると、さほどの用件でもないのに介護職員が入れ替わり立ち替わり居室を訪れ、Aさんの世話を焼きます。「ご気分はどうですか」「何かお手伝いすることはありませんか」「食事の時間です。食堂に行きましょう」「入浴は明日の10時からです。着替えを用意しておきます」「水分補給は大切です。たくさん水を飲んでくださいね」などと、ひっきりなしです。

最初の頃は、まんざらでもなかったAさんでしたが、そのうちこの職員訪問を煩《わずら》わしく思うようになりました。しまいには「用事があれば呼ぶので来ないでほしい」「一人にしてほしい」と、ホーム側に訴える始末です。

さらに、飲酒や喫煙の習慣があるAさんの場合、飲酒時や喫煙時のルールが事細《ことこま》かに決まっていたことも窮屈だったようです。結局、Aさんは数カ月でこの高級ホームを退去してしまいました。

最終的に、Aさんが落ち着いた終《つい》の棲家《すみか》は、きわめて庶民的な価格の、どこにでもある普通の老人ホームでした。元会社員や元職人さんも多く入居し、毎日庭に面した縁側で彼らと将棋を指《さ》したりテレビで相撲《すもう》を見たりと、気楽な生活を謳歌《おうか》しています。当然、職員配置数も少ないので、自分でできることは全部自分でやらなければ誰も手伝ってはくれません。先日も、職員に用事を頼んだのですが、職員も忙しいので、すかさず「Aさんは身体に障害があるわけではないので、自分でできるでしょ。自分でできることは自分でやらないと、そのうち身体の自由が利《き》かなくなってしまいますよ」と介護職員に言われたと、まんざら不愉快でもない様子だったそうです。

どちらのホームが正しいのか、ということではありません。どちらのホームが入居者にとって居心地が良いのか？　性《しょう》に合っているのか？　ということなのです。Ａさんの場合、経済的に恵まれていたため、高級ホームに入居する能力がありましたが、相性で言えば庶民的なホームのほうが合っていたということなのです。

もちろん、至れり尽くせりで、なんでもやってくれるホームのほうが向いている高齢者も多くいますし、経済的な事情が許せばそのようなホームに入りたいと考えている高齢者も多いはずです。

要は、単純に富裕層だから高級ホームに入ることが本人の幸せだと考えることが、必ずしも正しい選択とは限らないということなのです。そしてこれこそが、ホーム選びの真骨頂なのです。

「押しつけ介護」と「野放し介護」あなたにはどちらが向いていますか？

老人ホームのサービス評価をする場合、一般的によく聞くキーワードは、「手厚い介護」かどうか、ということではないでしょうか。特に、高級老人ホームと言われているホームでは、この手厚さをアピールする傾向が強いと言えます。

そして、このサービスに対する「手厚さ」を測《はか》る物差しとして説明されているのが職員の「配置人数」、ということになるのです。当然、人員配置人数は多ければ多いほどサービスは手厚く、少なくなればなるほどサービス内容は手薄になります。

そこで、考えなくてはならないことは、提供される介護サービスが利用者にとって「押しつけ」なのか「野放し」なのか、どちらに属するのかということです。多くの場合、手厚い人員配置の中で供される介護サービスは、「押しつけ」が横行します。また、手薄な人員配置で行なわれる介護サービスは、「野放し」が横行する傾向が見受けられます。

押しつけ介護とは、本人にとっては不要な介護サービスを職員から押しつけられることを言います。そして、野放し介護とは逆に、やってほしい介護サービスを人がいないということで、すぐにはやってもらえないことを言います。

ここで注意しなければならないのは、介護サービスとは「声なき声に耳を傾けること」だということです。またこれは、言葉として声に発していなくても本人のニーズを察知して必要なサービスを提供できることを「よし」と考える介護「流派」の一つです。

つまり、「気が利《き》かない者」「言われる前にサービスを提供できない者」は「優秀な介護職員ではない」ということになるのです。したがって、職員配置人数にゆとりがあるホームでは、ついついサービスが過剰になり、行きすぎたサービスになってしまうというケースが見受けられます。

少し話がそれますが、その昔、私のところに、あるホテルの経営企業から相談を持ち掛けられたことがあります。ホテル経営は過当競争気味で経営が難しくなっている。ついては、ホテルを老人ホームへと改修し、自社のホテリエ（従業員）を介護職員として養成してみたい。ホテリエレベルのホスピタリティ精神を持った介護職員が養成されれば、既存の老人ホームでは、とても真似のできない質の高いサービスを提供できる老人ホームを誕生させることが可能ではないか。そうなれば、きわめてブランド力の高い高級ホームとして、介護業界内で優位に立てるのでは？　という筋書きを立てていました。しかし、その目論見《もくろみ》は早々にあてが外れてしまいます。

結論から言えば、ホテルを老人ホームに転用するのは、断念せざるをえない事態になってしまったのです。ホテリエに介護技術を習得させるべく研修の準備に入ったところ、あるホテリエから次のような素朴な疑問が投げかけられました。

「私たちは、お客様から要望や、リクエストがあった場合に限り、どう対処すればお客様に満足していただけるのかを考え、提案をするようにと、躾《しつけ》られています。しかし、お客様からリクエストをいただかなければ、自らの憶測で勝手に行動を起こすことはありません。なぜなら、ホテルとは、さまざまな事情やいきさつを持ったお客様が利用するところであり、余計なお世話をしたことによって、逆にお客様に迷惑をかけてしまうことにもなるからです。

困っているような素振りを確認したとしても、その周辺状況を即座に判断し、場合によっては、あえて放っておくこと。これもホテリエの立派なホスピタリティ。そういうことだと私たちは理解していました」

これを聞いて、介護職員に求められているホスピタリティとホテリエに染《し》みついているホスピタリティとは〝似て非なるもの〟、ということがわかりました。

こうして、経営者の発案した、元ホテリエの介護職員による究極の介護サービスを、の目論見は頓挫してしまいました。

介護は誰にでもできるもの。だから介護は難しい

介護という仕事は、医療機関やホテルと違い、その気になれば、今日からでも、誰にでもできる仕事です。もともと、人が生きていくために必要な生活支援です。乱暴な言い方をすれば、社会の中で自立した生活をしてきている人であれば、誰にでも明日からできる仕事です。

介護福祉士などの介護系の国家資格に注目が集まるようになったのは、ごく最近のことです。現場ではまだまだ、資格があるから優秀な介護職員だという認識は、確立されているとは言えません。

だからこそ、医療機関のように、指示や命令だけで職員の行動をコントロールすることはできません。最近では、業務マニュアルを重要視している老人ホームも多く出

現していますが、どんな立派な業務マニュアルがあったとしても、介護サービスの提供は人の手や声を媒体として、人の「心」が行なうものです。ですから介護とは介護職員各自の感性や判断、つまり介護職員の人間性にかかっていると言っても過言ではありません。

医師や看護師などの場合、いくら人間性に優《すぐ》れていたとしても、技術が無かったり、知識や経験が少ない者に手術をしてもらおうと思う人はいないはずです。逆に、多少人間性に問題があったとしても腕がよい医師であれば、自身の身体を託《たく》そうと思うはずです。

あのホームは「よい介護をしている」とか「よくない介護をしている」とか、噂話のレベルでネット上に散見されますが、真意を理解するためには、その老人ホームに住み、実際に生活をしてみなければわからないはずなのです。

介護サービスは誰にでもできます。資格制度はありますが、資格は無くても素晴らしい介護技術を身につけ、入居者から大きな支持を得ている介護職員は数多く存在します。

そして、介護技術の本質は、職員一人一人が持ち合わせている「優しさ」によるところが大きいのです。

やりすぎれば過剰介護だと言われ、やらなければ、何もしていない、放置だと言われます。さらに、ホームの考え方と自分の考え方との間で板挟みになり、介護職員は日夜戸惑《とまど》いながら働いています。その事実を、入居者やその家族は知っておく必要があるのではないでしょうか。

夜はゆっくり寝かせることが、本当に正しいのか?

老人ホームの夜勤者の主な仕事は、「ラウンド」と言われる安否確認のための居室巡回と、寝たきりの高齢者等に対する排泄《はいせつ》介助です。中でも、深夜の排泄介助は、介護職員によって考え方、対応の仕方に違いが生じてくるところです。

A職員は、深夜0時に最終排泄を実施し、そこで夜用の大容量の吸収シート付きのオムツを装着させます。そのため、朝の5時までは排泄介助に入ることはなくラウンドだけ実施すればよいので、朝まで入居者はぐっすり熟睡することができます。

B職員は、いくら大容量の吸収シートがあるとはいえ、排泄をしたまま数時間放置することはけっして良いことではないので、深夜といえども3時間おきに排泄介助に入ることが正しい介護サービスだと考えています。当然、排泄介助時には、ほとんどの入居者は起きてしまいますが、それは仕方がないことだと割り切っています。

読者の皆さんは、いったいどちらの介護サービスをご希望でしょうか？ 老人ホームの実態がわかっている読者にとっては、この選択肢は実に悩ましい限りだと思えます。

いくら夜用のオムツが大量の尿を吸収できる機能を備えているとはいえ、本人にとっては不快であることに変わりはありません。大容量の尿を吸収するといっても、それは単に外には漏《も》れない、というだけです。つまり、布団が「汚れない」というだけの話なのです。しかし、排泄介助を実施すれば入居者は間違いなく目を覚《さ》まし、そして一度目を覚ました入居者は、場合によると朝まで寝ることができなくなるケースも散見されます。

余談ですが、「寝る」という行為には体力が必要なので、体力の無い高齢者の場合、一度目を覚ますとなかなか寝つくことができません。結果、体調不良の原因になってしまうこともしばしばです。夜、十分に寝ることができない入居者は昼間帯で寝てしまうので、昼夜逆転の生活になってしまい、健康を害してしまう恐れも高まります。

安眠を優先して朝までぐっすりか、常に快適さを追求し3時間おきの定時排泄で快適な眠りの環境維持を守るか。いったいどちらの方法が、入居者にとって最善なのでしょうか。

私自身にも、どちらが良いのかという明確な回答は、実はありません。意地悪な表現をすれば、3時間おきの定時排泄介助で快適な眠りの提供を目指す場合、自分は「頑張っている介護職員である」という自己満足がほしいだけなのでは？　とも思えてきます。

逆に、朝までおむつ交換をしないことで「睡眠妨害をしない」という場合、介護職員の職務怠慢なのでは？　と言いたくなる気持ちもあります。はたして、どちらが正しい介護なのか？

私は介護サービスのことを考えた場合、行動はどうあれ、目の前の入居者に思いを寄せて、「相手のことを考える時間を持つこと」「相手のためにどうすればよいのか、悩む時間を持つこと」が一番のサービスなのでは、と考えています。

あなたは、自分が寝たきりになった場合、いったいどちらの選択肢を選ぶのでしょうか？

食事は自力で？ それとも楽なやり方で？

皆さんは食事について、どう考えていますか？ たとえば、手に麻痺《まひ》があり、上手《じょうず》に食事をとることができない入居者には食事介助を行ない、安楽に食べさせてあげたいと思うでしょうか？ たしかに、安楽に食べさせてあげることに対し、否定的なことを言う人はいないと思います。しかし、介護には「笑顔で首を絞めて殺す」という言葉があります。これは、介護の必要な高齢者に対し、何でもかんでもやってあげるという行為は、本人のためにはならない、ということを示している言葉です。

食事のケースでも、時間に制約が無いのであれば、そして本人の意思が自力摂取を望んでいるのであれば、どのような食べ方であっても自力で食べるということが尊重されなければなりません。

手を貸すという行為は、一見、親切なように見えますが、実は本人に残された残存機能の消滅に手を貸す悪魔の行為、という解釈もできるのです。

逆に、常時介護職員がいるのだから、食事は楽に取りたい、取らせてあげたい、と考えることも当たり前の欲求です。

つまり、食事一つをとっても、手伝う流派と手伝わない流派に分かれ、そして、その流派の下《もと》で介護方針が決まっていくというのが、老人ホームの介護サービスなのです。

皆さんは、もし自分がそのような立場になった時には、介助を受けて食べさせてもらいたいでしょうか？　それとも、どのような無様《ぶざま》な格好になったとしても自力で食べることを選ぶでしょうか？

その昔、アメリカの介護施設（ナーシングホーム）に行った時の話です。その施設は広大な敷地に自立している高齢者用シニア住宅からターミナルケアを専門に行なうナーシングホームまで、さまざまな状態に対応する施設が並んで建っていました。

その中の一つの施設で昼食時に私が見た光景は、次のようなものでした。手の悪い高齢の男性が、スプーンを使わず手づかみで食事をしていました。手が不自由なため、スプーンが上手《うま》く使えず、手づかみで食べていたのです。その食事のありさまは、私にとって衝撃的でした。

テーブルいっぱいに食べ物をこぼし、ゼイゼイと肩で息をし、必死の形相《ぎょうそう》で食事をしています。私は、近くにいたホームのスタッフに「なぜ、職員は彼の食事介助をしないのか」と尋《たず》ねたところ、その職員はこう答えました。

「このホームは、身の回りのことをすべて自分一人でできる人専用のホームです。食事介助が必要な場合は、隣りの介護用ホームに移ってもらう決まりになっています。が、彼はそれを拒否しています。したがって、彼がこのホームにいるためには、身の回りのことをすべて自分でやらなければなりません」

この話を聞いて、ひどい話だ、残酷だ、と考える方も多くいると思います。しかし、これは当の本人の希望であり、本人が望んで行なっていることなのです。

話が少しそれますが、お正月に箱根駅伝を見ていると、たまに脱水症状などのハプニングで選手の足が止まり、見るからに身体に異変が生じているのを目撃することがあります。遠くからじわりじわりと、監督やコーチが選手に近づいていきます。しかし、選手は手を貸さないでほしいという素振りを見せ、監督やコーチも選手の状況を見極めながら慎重に選手との距離を縮めていきます。これは、選手の身体に監督たちが触れた場合、その選手は棄権になり、チームのレースが終わってしまうからにほかなりません。

その後の選手の気持ちや人生を考えた場合、教育者でもある監督は、おいそれと棄権させるわけにはいかないという思いがあります。その一方で、無理をさせて万一のことがあってはならない、という気持ちもあります。それらの気持ちの〝せめぎあい〟の中で、どう動いたらいいか、自ら瞬時に決断をしているのです。その監督の気持ちがテレビ越しにも伝わってくる気がします。だから、その決断は正しいと、われわれは信じて疑う余地がないのだと思います。

食事は職員に介助してもらいながら安楽に食べる。いやそうではなく、私は指の先が動かなくなるまで、どんなに無様な格好でも自力で食べたい。いったいどちらが正しいのでしょうか？　実は、私にもわかりません。

私は食事の介助を介護現場でしたことは多々ありますが、自分の食事を人に介助してもらったことは、成人になってからは一度もありません。

そこで私が言えることは一つ。介護職員にとって、高齢者の食事介助をするということは、その人の命を支配するということです。それは多くの介護職員にとって実に神聖なものであり、慈《いつく》しみの気持ちが湧き出てくる素晴らしい業務だと思っています。

介護職員の多くは、食事介助という業務を通して、介護の本質に触れることができます。その時、今自分は、目の前にいる高齢者の命を預かっているのだと、感じるのです。

無防備で、職員の介助に従って、口から喉《のど》を通して胃袋に食物を流し込んでいるだけの高齢者が、そこにはいるのです。その様子を見ながら、今日の自分の行動を反省し、明日の自分の介護に対する気持ちを整理すること。介護職員にとって、食事介助という素晴らしい仕事を神様は用意してくれたのだと、思っています。

これを機会に、読者の皆さんも、ご自身や両親などの介護方針について、考える時間をぜひ持ってほしいと思います。


90歳になっても、自分の足で歩きたいのか？


「自立支援」。介護業界でよく聞く言葉です。最近では、多くの老人ホームで入居者の日常生活動作の改善に取り組んでいます。わかりやすく言うと、常時寝たきりの高齢者を少しでも起こす介護、常時車いすが必要な高齢者に少しでも車いすで過ごす時間を減らすようにする介護の取り組みです。

常時オムツを装着している高齢者に対し、「オムツ外し」といって、トイレでの排泄を実践しているホームもあります。

私は、このような取り組み自体に苦言を呈するつもりはありません。しかし、その運用方法には、以前から疑問を持っています。医療の下請けとして医療保険に倣《なら》う形で介護保険制度は誕生しました。そういう背景を考えると、医療と同じように「治す」「改善する」ということを介護支援にも求めるという考えには、一定の理解を示すことができます。

しかし、よく考えてみなければならないのは、病院と老人ホームでは、入院（入居）している本人や家族の目的そのものが、大きく違うということです。

多くの場合、病院に入院している患者やその家族は、早く良くなって一日も早く退院することを望んでいます。病院側もベッド数や医師や看護師の仕事量が限られていますから、早く治って退院してもらい、次の患者（困っている人）を受け入れます。そうすることが、社会の中での自分たちの役割だと理解しているはずです。

しかし、老人ホームの場合は、そのあたりの立場や考え方が違います。多くの入居者やその家族は終の棲家として入居をしている関係で、早く良くなって退去しなければならないとは考えていません。むしろ、家族の中には退去されては困るという立場の方も一定数いることと思います。

老人ホーム側は、一日でも長くホームで暮らしてもらいたいという前提でホーム運営の事業計画を立てていますから、「良くなって退去してもらっては困る」というのが本音だと思います。

つまり、老人ホームとは病院ではないので、病気を治すところではなく、認知症などの病気であっても、安楽に安全に、そして快適に暮らしていくことができるところであると、理解をするべきなのです。

極論を言ってしまえば、自分の足でいつまでも歩き続けたいという気持ちは、各自の自由な考えによるものです。それを自分の足で歩かなければならない（自分の足で歩くことが当然の人としての常識である）と考えるのは、まさに病院的な発想であると言えます。

老人ホームの場合は、たとえ自分の足で歩くことができなくても、安心して暮らしていける環境が整備され、それに対するサポート体制がしっかりしている「場所」として認知されていくべきだと、私は考えています。

最近よく、「多様性」という言葉がニュースで報じられています。さらにマイノリティー（少数派）というキーワードも増えてきました。世の中にはさまざまなライフスタイルが存在し、そして尊重されています。

寝たきりの人生がダメだなんて、いったい誰が決めたのでしょうか？　病院で管《くだ》に繋《つな》がれて生きていくなんて価値が無いという意見も、多く聞こえます。しかし、それでも生きていたいと思うことは、本当にいけないことなのでしょうか？

こうでなければならない。こうであるべきだという介護は、間違っているような気がしてなりません。そこが、医療とは違う介護の難しさであり、介護の果たす役割だと私は思っています。

医療は治さなければいけません。しかし、介護は治さなければならないわけではありません。この「あるがまま」を受け止め、「個々の多様性」を重視し、その上で、プロの介護職員として適切な助言と説得を行なうこと。この、ともすれば堂々巡りにもなってしまう、こんな仕事の塩梅《あんばい》を大切にしなければならないのが介護だと私は考えています。

老人ホームは病院ではない。家である。だから、医療は付随していないし、それを老人ホームに求めてもいけない。このことを覚えておいてください。

私の経験では、まだまだ多くの方が老人ホームを病院と勘違いしているケースが多いようです。正確に申し上げると、入居者が急変しホームで亡《な》くなってしまった場合、「なぜ亡くなってしまったのか」ということを、必要以上に老人ホーム側に迫ってくるご家族がいます。もちろん、大切な身内の臨終に立ち会うことができなかったご家族にとって、死因やその時の様子などを聞きたいという気持ちは、理解することができます。当然、ホーム側も可能な限り、ご家族の希望に沿うようなサポートをするべきだとも思います。

ここで、私が頭を悩ますのは、身内が死んでしまったことが、あたかもホーム側に過失（多くの場合は何もしなかったということ）があったかのごとく、介護職員を一方的に責めるような言動をする家族が存在しているということです。

冷静に考えてほしいのですが、いくら自分の身内ではなくても、自分が世話をしてきた入居者が突然亡くなった場合、介護職員も動揺し、心中穏やかではないのです。もしかすると、家族よりも介護職員のほうが悲しみに打ちひしがれている可能性すらあるのです。

その昔、私がホーム長をしていた時の話です。A夫人は長女が癌《がん》治療のために入院することになり、身の回りのことをやってくれる人がいなくなったので、娘さんの退院までの間、私のホームに入居することになりました。夜の8時ごろ長女に連れられてきた彼女は、見るからに弱っていました。年齢は95歳です。認知症状は無いものの、口数も少なく、生気がまったく感じられません。ホームの看護師が長女から身体の状態をヒヤリングし、主治医から預かってきた診療情報提供書と薬を確認、不安はあるものの長女から「いつものことだから大丈夫です」と言われ、そのまま入居になりました。しかし、それから6時間後にA夫人の容態は急変、救命救急センターに搬送しましたが、救急車の中で息を引き取ってしまいました。

当然、私も病院に駆けつけ、夜勤の介護職員から事情を聞き、ほどなく到着したAさんの長女にも経緯を説明したことを覚えています。翌日、長女が私を訪ねて、こうねぎらいの言葉を掛けてくれました。「夜勤の職員さんは、さぞかし驚いたことでしょう」。そして、夜勤の職員を見つけると深々と頭を下げ、「ご迷惑を掛けました。びっくりしたでしょう。ごめんなさいね」と。その後、私は彼女と「まるで死ぬためにホームに来たみたいですね」「死ぬところを探していたのでは?」などと、話をしました。

長女の話によると、A夫人は彼女が癌であることにうすうす気がついていたのではといいます。そして、癌治療に専念できないのは自分が生きているからだと感じていたのではないだろうかと……。彼女が亡くなったのは、おそらく偶然だと思います。担当医師も年齢を考えれば「老衰」だという見解を示していました。

しかし、私はこう考えます。いよいよ娘の病気が思わしくなく、病院へ入院が決まった。これ以上、娘に迷惑をかけるわけにはいかない……。もしかすると、親子にしかわからない何かがあったのではないでしょうか。

冷静に考えてみればわかるのですが、多くの老人ホームには医者は常駐していません。さらに看護師は基本的に昼間帯のみ常駐しています。もちろん、24時間３６５日看護師が常駐している老人ホームも世の中に存在しますが、まだまだ少数派であり、その場合は多額の費用負担を入居者が強《し》いられるケースが多い、というのが現実です。

つまり、多くの老人ホームの場合、介護職員が常駐しているだけなので、万一入居者の状態が急変した場合でも、ホームでは具体的な医療処置はできず、ホームドクター（往診医）に連絡をした上で救急車を要請、最寄りの病院に救急搬送する、ということになります。

稀《まれ》に、ホームの近くにホームドクターが住んでいる場合など、すぐに駆けつけてくれるというケースもありますが、これはレアケースだと理解したほうがよいでしょう。急変した場合は、往診医に連絡をした上で、救急車にて設備の整った総合病院への搬送を往診医から指示されるのが普通です。

何を言いたいのかといいますと、老人ホームとは、医療的な機能で考えた場合、「自宅」にいることと何ら変わりがないということです。このことを入居希望者はもっと理解しなければならない、ということです。

保育園の場合で考えてみましょう。保育園は、預けた子供が熱を出したり、体調不良を起こした場合、すぐに迎えに来てほしい、と連絡が入ります。預けた親の立場で言うなら、「仕事で手が離せない。高い費用を負担して保育園に預けているのだから、熱ぐらいで迎えに来てほしい、では仕事にならない。幼児はすぐに熱ぐらい出すのだから」と思いながらも、会社を早退して迎えに行くことになります。

老人ホームも同じです。体調不良になれば、老人ホームから家族が呼ばれ、病院への入院を提案されます。当然、急な場合は老人ホームの判断で病院受診をし、事後報告で入院したことを知るというケースもあるはずです。医師や看護師が常駐していない以上、継続的な治療が必要な入居者は病院に行くことが当たり前なのだと、考えなければなりません。

ちなみに、病院に入院した場合、老人ホームの月額利用料金は食費を除き、全額支払い続ける義務が発生します。つまり、老人ホームへの支払い費用と病院への支払い費用の二重払いが生じます。なお、特養などをはじめとする一部の老人ホームは、入院決定と同時に退去になるケースもあります。契約時に確認が必要です。

老人ホームは万能ではない

老人ホームの機能とは、家族の代わりに介護職員が24時間３６５日、途切《とぎ》れることなく、継続して様子を見続けてくれる環境を保有している住宅ということです。それ以上のこと、つまりは医療的な処置などを期待するべきではありません。

私がかつて施設長として勤務していた時にも、よくご家族が勘違いして、医療的な処置を老人ホームに対し、当たり前に求めてきたことがありました。今は、機器の進歩と技術革新によって、それほど大きな障害にはなっていないでしょうが、私が施設長だった時代は、ＩＶＨ（中心静脈栄養）の受け入れには、どこの老人ホームもかなり慎重になっていました。

多くの老人ホームに勤務している看護師は、ＩＶＨの受け入れには消極的であり、特に認知症の高齢者の場合、ＩＶＨはまず受け入れないという方針（会社の方針というよりもホームの方針であり、その多くはホームで働いている看護師の方針や考え方に影響を受けることになります）があったことを思い出します。当時の多くの看護師の考えは、認知症の高齢者が誤って、静脈内に埋め込んでいる栄養を送りこむチューブを自分で引き抜いてしまった場合、大量の血液が静脈からあふれだし、老人ホームの能力では止血の方法が、どうすることもできないというのが、その理由でした。つまり、本人の命の保証ができない、ということです。

しかも、当時は、老人ホームでの身体拘束が全面的に禁止され始めた頃だったので、なおさら看護師はナーバスになっていました。病院をはじめとする医療現場では「命を救う」という行為がすべてに優先される重要事項なので、命を守るためには、身体拘束も止《や》む無《な》し、個人のプライバシーなどもお構《かま》い無し、という状況も多々ありました。

しかし、介護現場ではそうもいかず、認知症の高齢者の手足をベッドに縛りつけて身体の自由を奪うことでその人の命を守る、という選択肢は許されないという雰囲気でした。そして、なるべくそうならないように介護職員が身を粉《こ》にして働かなければならない、という風潮が蔓延《まんえん》し、その結果、介護職員が疲弊、徐々に職場から介護職員が減っていき始めたのでした。

通常の老人ホームと自宅の機能は、同じです。違うのは、あなたに代わって、24時間介護職員がホーム内に常駐し、万一の時は救急車を呼び、駆けつけた救急隊員に今までの状態や本人の既往歴、つい今しがたの様子などを伝えてくれるということだけなのです。そこのあたりを十分に理解した上で老人ホームに入居し、ホームを活用していかなければならないと思います。

病院にずっと入院していれば安心なのか？

このような話を聞くと、老人ホームって「それほど安心ではないのね」と思う読者も多くいらっしゃるはずです。さらに、それなら病院にずっと入院していれば安心なのでは？　と思う方もいらっしゃるでしょう。私の経験を記しておきたいと思います。

私が介護業界に入ったばかりの頃、ある入居者が病院とホームとを行ったり来たりし、入退院を繰り返していました。私は、その入居者の送り迎えをするたびに、何でずっと入院させておかないのか不思議だな、と考えていました。入院費はいくらでも支払う能力があるというのに、病院には長くは入院させてもらえないようでした。

状態が落ち着くと、後はホームで経過観察（様子を見ること）をしてくださいということで、退院させられるのです。私のほうで「本人はだいぶ苦しがっているようですが……本当に退院して大丈夫ですか？」と聞いても、「看護師は、バイタル（心拍数や血圧）も安定しているし、先生が退院して大丈夫だと言っているので退院になります」と言って、取り合ってもらえませんでした。その時の私は「なんで病院って、高齢者にやさしくないのだろう。何も無料で入院させてくれと頼んでいるわけではないのに」と、真剣に思ったものでした。

しかし、介護業界で経験を積んでいくうちに、長く入院をさせてもらえないことの意味を理解することができました。現在の医療保険制度では、特定の疾患《しっかん》に対する入院日数の目安がおおむね決まっています。そして、その目安の期間を超えた場合、医療報酬が下がっていく傾向にあります。病院も経営をしなければ倒産をしてしまうので、所定の期間内に退院できるように最善の治療方法を検討して実施し、治療した上で退院をさせていかなければなりません。

勘違いをしてはならないことは、何も病院側がむりやり患者を追い出しているということではありません。疾患の種類により、適切な治療期間というものがあります。適切な治療を継続すれば疾患は必ず完治することが判明している、ということに着目する必要があるのです。

なお、ここで言う「完治」とは完全に治るということではなく、設備が整った病院ではなくとも対処ができる状態まで回復するということを指している、と理解してください。

病院には、毎日毎日適切な医療を必要とする多くの患者が訪れ、その中の一定数の患者は入院し治療をしなければならない患者です。それら治療を必要としている患者を一人でも多く受け入れるため、治療を継続する必然性が無くなった患者には退院してもらい、ベッドを空《あ》けた上で、その代わりに病院での治療が絶対に必要な患者を受け入れる、ということが病院の宿命です。

医師という資源には限りがあります。それを有効に活用する医療の場合、やはり、優先事項を考えたフォーメーションは至極当たり前のことだと言えます。

したがって、病院に入院しなければならない必然性が無くなれば、当然、病院に入院していることはできず、その結果、高齢者の場合は、自宅や老人ホームで軽微な医療処置を継続していくことになるのです。医療業界の優先順位により、重篤《じゅうとく》な人から優先して診《み》なければならない以上、どうしても病院でなければ診れないという高齢者以外は、自宅か老人ホームで家族や介護職員らの手により経過観察をしていくことになるのです。

第2章

ホーム職員の実態を知る

介護職員が足りない！　職員が辞める本当の理由とは

「介護職員の離職率はきわめて高い」。

多くのマスメディアで以前から報じられている介護業界の常識です。私が介護現場で働いていた頃も、嘘のような本当の話として〝男性職員は結婚が決まると退職する〟という話が多くありました。もちろん理由は、介護職員の給料が安く、生活がままならないから、ということです。

しかし、長年私が介護業界に関与してきて感じているのは、介護職員が辞める理由は「賃金が安い」からではない、ということです。マスメディアや有識者らは、こぞって「賃金が安い」「仕事がきつい」という理由を挙《あ》げて解説をしていますが、私はまったく見当違いな見方だと思っています。私は正直、「仕事がきつい」と思ったことは一度もありません。

また、賃金についてですが、残業代や夜勤手当などを入れると毎月の手取り収入は、世間相場並みの23万円程度だったと記憶しています。この金額が安いのか高いのかは感覚的な問題だと思いますが、私は、仕事から受ける精神的、肉体的なストレスと賃金を比較した場合、きわめて妥当な金額だと理解していました。もう少し詳しく話を進めていきましょう。

介護職員の賃金は、安いとはいえない？

介護職員は、他の職種と比べた場合、けっして賃金が「高い」とは私も思いません。しかし、前に述べた通り「低い」とも思っていません。きわめて妥当な金額だと考えています。

たとえば、未経験の40歳の男性の月給が介護職員は25万円（夜勤手当を含む）だとします。ここだけを切り取ってみれば、40歳男性の月給が25万円ではたしかに低いと感じるかもしれません。

しかし、冷静に考えてみればわかりますが、どこの業界でまったくの未経験者の40歳男性を雇用してくれるのでしょうか？　まったくの業界未経験者の40歳男性が銀行や商社の社員募集に応募して採用されるとは、とうてい思えません。むしろ、応募資格すらないような気がします。

介護職員の給料は低いと、誰もが思いますが、その実態を正確に評価していかなければならないと思います。以下に例を挙げておきます。

私がかつて働いていた有料老人ホームの場合、入職後3年間ぐらいは一般介護職として現場の最前線で働くことになります。その後は、介護リーダー、介護主任またはケースワーカーなどの上級職（一定の経験が必要な職位）に昇格していくので、月給は30万円程度に増えていきます。

さらに、その2年後ぐらいには「ホーム長」などの管理職に就任するケースも多く、その場合は、年収ベースで５００万円程度は確実に確保することができます。また、人によっては、本社や本部の事務職や営業職への異動もあるので、○○課長や○×次長などになる道も存在しています。

なお、あまり知られていませんが、現存する有料老人ホームや特別養護老人ホームの中には、ホーム長、施設長クラスで年収８００万円から１０００万円程度を確保することができる事業者も、一定数ですが存在しています。

私は、介護職員の賃金は他の企業と比べた場合でも、世間で言われているほど低くはない、と考えています。なぜなら、多くの介護職員は自らの意思で賃金を上げる道を絶《た》っていると思うからです。むしろ単に「年齢40歳の介護職員、勤続5年で月給18万円。本当に安いでしょ」というような議論があることを、私は問題だと思っています。

多くの介護職員は、「そろそろ介護リーダーや主任職になって、部下の面倒を見ませんか？」とか、「ホーム長になってホーム運営をしてみませんか？」とか、「本社の広報課で欠員が生じたので本社に異動しませんか？」という会社からの打診を自らの意思で断わり、介護職員として働き続けています。

つまり、会社の都合に合わせて異動に応じたり、職責や職位の変更に自らの意思で拒《こば》み、一《いち》介護職員として働き続けようとしているのです。当然賃金は微々《びび》たる年次昇給分しか上がらず、結果、勤続10年でも入社時と比べ１万５千円しか賃金が上がっていない、という状況が出現します。

たとえ10年間勤務していたとしても、年次昇給だけでは生活の質を上げることはできません。

当たり前の話ですが、介護事業者の売上のほとんどは介護報酬です。介護報酬は、国が設計した制度であり、国の管理下で運営されている関係から、ある程度の賃金を支払うことは可能です。大げさな言い方をすれば、公共事業と同じなので、運営を間違えなければ、一定の利益が出るような制度になっているはずです。

老人ホーム事業者は、介護事業者として認定されるためには、法人格を有しなければなりません。法人格を有するということになれば、当然そこには組織が存在し、そしてほとんどの組織はピラミッド型で運営されているのが普通です。ピラミッド型の組織である以上、上位職に行かなければ当然賃金は上がりません。さらに、現在は高齢者の増加に伴う社会からの要請も手伝って、事業拡大をしている事業者が多く、いわゆる「上」のポストは多くが空《あ》いている状態です。

しかし、介護業界には、ポストがあるにもかかわらず「上」に行きたくない人と、個人的な事情があって「上」に行くことができない人が多く存在しています。その結果、10年間働いていても賃金は25万円という人が存在してしまっている、ということなのです。

つまり、介護業界が、本当に他の業界と比べ極端に賃金が低い業界なのかを判断するためには、諸事情があって「上」のポストに行かない人、行きたくない人を除いた人たちの賃金で考える必要があるのではないでしょうか。

もちろん、中には「上」のポストになると仕事が大変になるだけで魅力を感じないので昇格する気になれない、と考える職員もいます。このような考えがあること自体が、多くの賃金を得たいと考えている職員ばかりではないということを示しています。

たしかに、金融機関や商社、マスメディアなどと比べれば、介護業界の賃金は総じて低いと思います。しかし、世間で騒がれているほど悲惨な賃金状態ではなく、さらに、賃金を上げる方法論はいくつも存在しているのが現実なのです。中には、銀行や商社では自分と同程度のライバルが多く、上手く昇格や昇給ができなかった人が、あえて、出世だけを考えて介護業界に転職し、見事思惑《おもわく》を達成している人も存在しています。

つまり、賃金を上げるためのチャンスは存在している、ということをぜひ頭に入れておいてほしいと思います。

本当に、介護はきつい仕事だろうか？

仕事がきつい？　介護の仕事は、本当にきついのでしょうか？　よく介護は３Ｋ職場（汚い、きつい、危険）だと言われ、嫌われていますが、はたして本当にそうなのでしょうか。

私は、仕事の中で一番きつい仕事は「数字のノルマ」を背負って働くことと、人の命のやり取りに関わって働く仕事だと考えています。セールスマンや営業マンには、毎月の売上ノルマが課され、会議で売上成果を報告し、目標に達していなければ叱責《しっせき》されるということが多々あります。特に金融機関（銀行、証券、保険会社）は、厳しいと聞いています。だからこそ、平均賃金が、他の職種と比較しても高く設定されているのではないでしょうか。

また、医師は常に人の命のやり取りに関わって仕事をしています。これは私の想像ですが、脳外科の先生や癌などの専門医、さらには重篤《じゅうとく》な子供を専門に看《み》る立場にいる医師にかかるストレスは、かなりのものがあるはずです。

さらに、弁護士なども仕事の仕方次第では、人の人生に大きく関わり、自分が不甲《ふが》斐《い》なかった場合、オーバーな言い方をすれば、人を死に追いやってしまうことになるかもわかりません。

やることは単純だけれども、全体の流れの中で黙々とやらなければならない仕事も、きつい仕事だと思います。たとえば、自動車などの組み立て工場内での仕事がそうです。仕事自体は単純な作業ですが、一定の時間内に自分の責任を果たさなければ、全体の成果に対して大きな影響が生じてしまうので、気を抜けない仕事です。

そのようなことを踏まえた上で、介護の仕事を考えてみたいと思います。

介護の仕事は大きく分けると「身体介助業務」と「生活支援業務」に分けることができます。

「身体介助」とは、入浴、食事、排泄といった、人が生きていくために必要不可欠な行為を適切に介助し、生きていくこと自体を直接支える仕事です。

「生活支援業務」とは、その人がその人らしく生きていくことをサポートする仕事、つまり、相手の生活に「張り」や「潤い」を提供し、少しでも充実した毎日を送ることができるようにサポートする仕事です。

2つの業務の詳細については、後ほど詳しく触れますが、「身体介助業務」も「生活支援業務」も、どちらも介護職員は収入を得るために仕事をしているわけですが、そのほとんどのケースでは、相手から「お礼を言われる」「感謝をされる」ということがある仕事です。

その昔、私が老人ホームで介護職員をしていたころ、いったい一日に何回「ありがとう」と言われるのだろうかと興味がわき、数を数えたことがありましたが、実に8時間の勤務時間内で45回感謝をされていました。茶を出すと「ありがとう」、飲み終わった湯呑《ゆのみ》を下げると「ありがとう」、部屋にご機嫌うかがいをしただけで「部屋に来てくれてありがとう」「気にかけてくれてありがとう」という具合です。

一般社会の中では、けっしてお礼など言われるようなレベルではない些細《ささい》なことでも、「ありがとう」と言ってくれるのが老人ホームの入居者です。

考えてみてください。たとえば、自動車のセールスマンがお客様の家に自動車の販売目的で行ったとしましょう。多くの家からは、「うちはけっこうです」「何をしに来たのですか」と〝けんもほろろ〟に拒絶されるはずです。

読者の皆さんは、いったいどちらの仕事が本当にハードな仕事だと思いますか？

介護職員の得手《えて》不得手《ふえて》は、２つに分かれる

「身体介助業務」と「生活支援業務」。皆さんは、いったいどちらが大変な仕事だと思われるでしょうか？　多くの方は、当然「身体介助業務」のほうが大変な仕事だと思うに違いありません。しかし、私の経験では、多くの介護職員は「生活支援業務」のほうが大変だと考えています。もちろん、この話は介護職員全員に当てはまる話ではありません。

もう少し、詳細を見ていきましょう。「身体介助」とは、特に認知症の高齢者や寝たきりの高齢者に対して実施する介護業務です。たとえば認知症を患《わずら》い、「食事を上手く取ることができない」「排泄を上手くすることができない」「入浴を一人ですることができない」などというような場合、介護職員がその一部または全部を支援し、そ

れらの行動がスムーズに実施できるようにお手伝いをします。

もちろん、介護職員にとって多少の体力は必要ですが、主導権は介護職員側にあるので、介護職員が自分の考えや方針に沿ってやりたい流儀で仕事を進めることが可能と言えます。実は、ここが大きなポイントです。

逆に、「生活支援介助」は、肉体的な重労働はほとんどありません。しかしその分、入居者の話し相手などの仕事をはじめ、礼儀作法や言葉遣《づか》いなど、入居者の好みや考え方に気を遣い、自分を相手に合わせていかなければスムーズな仕事ができない業務です。

同一法人内に高級な老人ホームと重介護専門の老人ホームを擁《よう》している企業の話ですが、高級な老人ホームから重介護ホームへ（またはその逆もありますが）職員の人事異動を検討した場合、たとえ、同一法人内で、さらに同一地域内であったとしても、実際に異動させるのは難しいとされています。

どちらの職員からも異動命令は拒絶され、ともすると辞表が出てくるケースも珍しくないからです。

高級な老人ホームは、自立（介護支援がそれほど必要ではない、単なる高齢者のことを指します）の高齢者の割合が多くなります。そこで介護職員に求められるスキルは、相手の痒《かゆ》い所に手が届く、気が利く相談者、援助者です。秘書や執事のような立ち居振る舞いを求められます。

さらに、厳《きび》しい入居者の場合は「見ていて暑苦しいから、もう少し頭髪を短くしなければだめよ」とか「洋服の着こなしがだらしないわね」とか「あなたはこんなことも知らないの?」などなど「躾《しつけ》」や「マナー」「教養」に至るまで、うるさく小言《こごと》を言われます。

ちなみに、これらは介護職員側の立場で考えた場合の言い方です。入居者側の立場で考えた場合、今まで日常の中で当然に身につけ、周囲から求められているマナーや教養なので、できない職員が目の前にいること自体に理解ができない、ということになるのです。住んでいた世界が違う、ということでしょう。

逆に重介護のホームで介護職員に求められるスキルは身体介助ばかりなので、肉体労働が多く、躾やマナー、教養についてうるさく小言を言う入居者や家族は、それほど多くはいません。さらに、万一そういう人がいたとしても、日ごろの介助業務に対し感謝をしている関係から、多くは不問に付して許してくれるので、職員の気持ちはかなり楽です。

私がかつて働いていた老人ホームの場合は、「フロア分け」という介護方針を取っていました。たとえば、3階建ての老人ホームの場合、1階フロアは自立の高齢者、2階フロアは認知症の高齢者、3階フロアは身体が不自由な高齢者、といった具合です。

当然、自立の高齢者には気を遣います。身体が不自由な高齢者には体力を使います。認知症の高齢者には心を遣います。

つまり、使うスキルが別々なので、同じホーム内であっても介護職員は原則としてフロア専門の介護職員になりがちです。

私が経験した老人ホームでも、次のようなことがよく発生していました。夜勤時は、ホーム全体を夜勤者が協力して包括的に見なければならないために、フロアが違うために口も利いたことが無い入居者からのナースコールに対応しなければならないケースがよくあります。当然、まともにナースコールに対応することはできないので、そのつどトラブルが発生します。

入居者側からすると、同じホームの職員です。そして入居者の多くは、多少なりとも認知症状がある高齢者です。頭がしっかりしている入居者であれば、職員の顔や名前を憶《おぼ》えているので、その日の夜勤のメンバーは誰なのかを把握し、場合によっては「この人に言ってもしかたがない」と判断もしてくれます。しかし、多くの入居者は、同じ職員であり、全員同じ対応をしてくれると思い込んでいます。だからトラブルが発生するのです。

私の老人ホームでも、このような問題を解決するために、何度も何度も職員全体会議を開いたことを思い出します。

同じ建物内で一人の施設長の管理下にある老人ホームであっても、職員が担当フロアの入居者のことしか知らないということが、平気で起こっていたのです。それくらい、高齢者介護は高齢者に心身の状態によって、求められるスキルが違うということなのです。

多くの入居者には、毎日自分だけのルールやワークが存在している

毎晩、寝る前に独自の体操とプルーンを2つ食べるのが習慣の方がいました。この事実を知らない介護職員が夜勤を担当すると、このワークは抜けてしまう可能性があります。当然、認知症のその方は、自らの意思で体操とプルーンを食べることはできません。あくまでも職員マターでやることになります。

私が駆け出しの介護職員だった頃、入居者の中に全盲の入居者がいました。ちなみに、彼は私が担当しているフロアの入居者ではなかったので、日常的に私が関わるということは一切ありません。食堂に行ったり、浴場に行ったりする時に、あいさつをする程度の関係でした。

ある日の夜勤時、たまたま私しかいなかったため、彼からのナースコールに対応した時の話です。私はリクエストに対応するために彼の居室にうかがいました。それは「明日は病院受診の日だが、何時にホームを出発するのかを再度確認したい。たしか9時出発で一緒に行ってくれる職員は○×さんのはずだったと思うのだが……。私は心配性なので……。ごめんなさいね」というものでした。私はいったん事務所に帰

り、記録を確認、たしかに9時出発で○×職員が同行することを確認した後、ふたたび居室に報告にうかがいました。お礼を言われて帰ろうとした時に、ふと見ると不自然な場所にゴミ箱があることに気がつきました。私はそのゴミ箱の中身を確認し、部屋の隅《すみ》に置き直して居室を後にしました。

2時間後、休憩を終えて仕事に戻ると、私は夜勤の責任者から「ゴミ箱を勝手に移動させたのですか」と言われます。私は、「はい、居室の真ん中に置いてあったので邪魔にならない隅に置き直しました」と答えました。責任者は私に対し「あなたはBさんが全盲なのを知らないのですか？　彼女の居室にあるものは、すべて定位置が決まっています。全盲の彼は、その定位置がすべて頭に入っているのです。あなたが移動させたゴミ箱を探して、彼女はティッシュペーパーを捨てるのに部屋の中をぐるぐる回って、先ほど転倒してしまいました。幸い怪我《けが》はありません」と、言ったのです。

私はハンマーで頭を叩かれたような衝撃を受けました。すぐに居室へ謝罪にうかがいました。ベッドから上半身だけ起き上がり、彼女は私に対しこう言いました。「たとえ目が見えなくても、自分の身の回りのことは、人の手を借りずに自分でやりたいのよ、私は。目が見えないことを理由に人さまを頼っていては死んだ母から怒られるから」。私は、その場でただ頭を下げるしかありませんでした。

話を戻します。究極的に考えた場合、介護職員の仕事とは、「気を遣うことが苦にならないか」「身体を使うことが苦にならないか」「心を遣うことが苦にならないのか」の3択の中からの選択になる、ということです。そして、その3択の中から得意な分野の仕事を担当するというのが、介護職員の仕事の仕方だ、と考えます。

入浴介助と排泄介助の問題点とは

入浴介助という仕事は、入居者の状態によっては、たしかに少しきつい仕事だと思います。誤解のないように申し上げておきますが、場合によっては抱きかかえて湯船につける入浴介助を私は「肉体的にきつい」仕事だと感じたことは一度もありません。その理由は、介助行為自体には機械や道具を使うケースが多く、自分の身体的なダメージはそれほどではないからです。

それよりも、職員にとって堪《こた》えることは、入浴拒否の入居者への対応と、介護職員を奴隷のように扱う利用者の存在だと思っています。何週間も入浴拒否を続ける入居者は意外に多く、清潔保持の観点から、看護師からは入浴をさせるようにという指示を受けます。しかし、介護職員が「入浴しましょう」と言おうものなら、頭ごなしに怒鳴《どな》られ追い返されてしまいます。挙句《あげく》の果てには「虐待だ」と言われ、自分たちのしたことが「本当に正しい行為」なのかと悩んでしまう介護職員も多くいます。中には暴力を振るう入居者も存在し、介護職員の本音では「入りたくなければ入らなければよいのでは」という気持ちになってしまうことも、しばしばです。

さらに、介護職員を精神的に追い込む入居者が存在します。それは、介護職員を奴隷かまたは風俗嬢のような扱いをする入居者です。お湯の温度が熱いとか温《ぬる》いとか、体のこすり方が強いとか弱いとかと言って、かなり細かく無理な注文を付けてきます。さらに、わざと股間を洗うことを強要してきたり、洗い方の強要が明らかに清潔保持の限界を通り越している入居者も存在します。ちなみに、私の経験だけで申し上げると、入浴時の性的な話に意外にも女性入居者から男性介護職員に対するリクエストのほうが多いと私は感じています。

さらに、注文を付けるぐらいならかわいいものですが、中には自分が気に食わないと手を上げて殴りつけたり、蹴とばしたりと、暴力をふるう入居者も存在します。

もちろん、それらの多くは認知症などをはじめとする高齢者独特の病気がさせている行為だと、介護職員も理解しています。しかし、いくら理解していても、毎日毎日このような仕打ちを受け続けていると、さすがに参ってしまう職員も出現します。○○さんの入浴は担当したくないとか、嫌悪感が激しくなると、○○さんの顔も見たくない、というようになっていきます。私の経験の中でも、このような入浴対応が嫌で、入浴当番日には必ずと言っていいほど体調不良で仕事を休み、その結果、他の職員とわだかまりができて、結局は老人ホームを退職していった介護職員が何人もいました。

数年来、老人ホーム内で起きている虐待や事件には、このような背景が見え隠れしています。長年の鬱積《うっせき》した不満が爆発して起きている可能性も否定できないと思われます。

介護流派という視点で考えた場合、食事介助の方法には賛否があります。食べ物をスプーンで口元や口の中まで運ぶという行為は、相手の尊厳を考えた場合、本当に必要な支援なのかどうかは、意見の分かれるところです。（「流派」によっては、無理に口をこじ開け、栄養摂取という観点だけで口の中に放り込む手法は虐待ではないかという考え方を持っています）。しかし、この項ではこういった本質的なことではなく、食事介助を通して感じることについて、論じていきたいと思っています。

私は、食事介助は介護職員の資質を見極める際に、一番わかりやすい業務だと考えています。人の介助が無ければ、食事をとることも水を飲むこともできない要介護入居者。その入居者に対し、その人の手となって食事を口に運ぶという行為は、大げさな言い方をすれば、介護職員は、その人の生き死にについての〝すべてを握っている〟と言っても過言ではありません。

私の経験では、食事介助を経験すると、介助をした相手に対し、〝特別に親身になってあげたい〟〝愛《いと》おしく思えてくる〟という気持ちが湧き上がってきます。あまり褒《ほ》められたことではありませんが、食事介助をした入居者のことは、その日一日気にかかり、部屋への訪室回数が自然と増えていくのは、本当に不思議なことです。

食事介助とは、本来、相手側に対する介護支援業務なのですが、実際は食事介助を通じて、今の自分、今日の自分の、介護に対する「心構え」や「考え方」を修正することができます。自分に対する支援業務のような気がしてなりません。

介護職員は、食事介助というわかりやすい業務を通して、自分の存在価値を確認したり、人が生きていく上での重要な役割を担《にな》っているのだということを実感することができるのです。


寝ている身体を持ち上げてすることもある排泄介助とは、3K業務の代名詞でしょう。しかし、私の経験で申し上げると、排泄介助業務は、意外と早くに慣れてしまうものです。汚い話で恐縮ですが、便や尿の始末は、吐瀉《としゃ》物の始末と比べると、はるかに楽な仕事だと思います。

私の勝手な分析では、人は誰しも、生きている限り便や尿を目にすることは日常的なことであり、慣れているはずです。しかし、吐瀉は日常にはそれほどありません。

排泄は通常の活動ですが、吐瀉はイレギュラーなものです。ここに、慣れるかどうかの違いがあるように思います。

さらに、寝たきりの入居者の排泄介助は、食事介助と同様、その人の役に「立っている感」を強く感じ、意外と楽しく取り組むことができます。

つまり、排泄介助という仕事は、傍《はた》から見ているイメージと、実際にやっている者が持っているイメージとは〝だいぶ違う〟ということを、理解してほしいのです。

多くの介護職員に対し、どのような仕事があなたにとって〝一番つらいものか〟〝大変なものなのか〟と聞けば、おそらく、多くの介護職員は、排泄介助以外の業務を挙げるはずです。

私が、介護職員として駆け出しだった頃は、研修期間中「臭いがダメ」という理由で退職していった同期入社組の社員が見受けられましたが、一定の期間が経《た》つと落ち着いていきました。つまり入社数日間で、本当に生理的にダメな人は「無理」という結論を出すので、それ以降は単なる「汚い」「臭い」といったことが気になるような職員はいなくなるということです。

介護職員にも苦手な業務がある

生活支援介助というと、皆さんはどのような介助を想像するのでしょうか？　生活支援介助は多々ありますが、老人ホームで一番大きな生活支援介助は、何と言ってもレクリエーションだと、私は思います。

多くの老人ホームでは、毎日15時ごろから30分程度の時間で、主に「体育」「音楽」「図画工作」の分野の「レクリエーション」を行なっています。ちなみに、体育は体操、音楽はカラオケ、図画工作は絵手紙などになります。さらに、ボランティアにお願いし、俳句や書道、長唄、大正琴など専門知識や技術を要する「レクリエーション」に力を入れているホームも多く、入居者をホーム内の生活で飽きさせない工夫をしています。

意外に思う読者の方も多いと思いますが、多くの介護職員にとって「レクリエーション」は得意な業務ではありません。実は気が重く、憂鬱《ゆううつ》になる業務の一つなのです。なぜなら、多くの入居者、それも認知症などさまざまな精神的な疾患《しっかん》を抱えている高齢者を相手に「レクリエーション」を先導することは、それなりの技術や経験、知識が必要で、専門的な教育を受けていない者にとっては至難《しなん》の業《わざ》だからです。

介護職員の中には、保育士や幼稚園教諭などの有資格者や、介護職員を養成する専門学校を卒業した者も多くいますが、彼らの場合は学校で「場の盛り上げ方」「参加者のイベントへの巻き込み方」などの専門教育を受けているので、上手にストレスなく対応することができます。

しかし、ごく普通の人がいきなり、認知症高齢者を相手に「レクリエーション」を仕切るということは、非常に難しい業務だと理解しなければなりません。

それ以外の生活支援介助として、買い物や病院受診に対する同行、居室内の清掃、薬の管理などが挙げられます。買い物や病院受診の同行も介護職員にとっては、得手《えて》不得手《ふえて》が出てくる業務の一つです。

口数の少ない入居者と長時間一緒にいるのが苦手だと感じている介護職員は、意外と多いものです。いくら話しかけても反応が無い入居者や、逆に制止を聞かず傍若《ぼうじゃく》無人《ぶじん》に振る舞う自分勝手な入居者などに対し、多くの介護職員はなす術《すべ》がなく、困惑しています。当然、多くの介護職員は、入居者の普通でない振る舞いが病気に起因しているものだと理解はしています。しかし、理解はしていても、介護職員も人の子なので、それらの行為に対し〝虚《むな》しい〟〝腹が立つ〟といった感情が生まれ、やがて、その人自身のことが苦手になってしまうのです。そして、いつの間《ま》にか、そのような入居者には〝近づかないようにしよう〟という気分になり、結果としてまた一人、苦手な入居者が増えてしまいます。

私が介護職員だった頃、病院受診に同行した時の話です。入居者が老人ホーム内で転倒し、頭を強く打った可能性があるという看護師の判断で、病院受診を行ないました。診察に同席しようとした私は、病院側の看護師の判断で、隣りの待合室で待機させられました。彼は病院の看護師に付き添われ、診察室に入っていきます。

ちなみに彼は、一見普通の高齢者に見えますが、重度の認知症でした。ほどなくして、診察室から医師の怒鳴《どな》り声が聞こえてきます。挙句の果てには、「何を言っているのかまったくわからないじゃないか。話の通じない人間を病院に連れてくるなよ。帰ってもらえ」

結局、病院の看護師から呼ばれた私は、彼に代わり医師に受診理由を説明し、事態を収拾することができました。

その時私が感じたことは、医療のプロである医師であっても、毎日多くの患者に接している看護師であっても、認知症の高齢者の取り扱いは難しい、ということでした。これは高齢者でも障害者でも赤ちゃんでも同じですが、本人と適切なコミュニケーションが取れない場合は、医療も無力だということです。もちろん、専門の医療従事者であれば方法はあるとは思いますが、一般的には難しいということを、この時私は嫌というほど痛感しました。

診察に介護職員の同席を拒否（個人情報の取り扱いをどうするのかという問題はあります）したり、声を荒らげるような失態を犯すということは、医療専門職としていかがなものなのでしょうか？　もちろん、これは医療業界全体の問題ではなく、きわめて個別性の高い個人の問題なのかもしれません。

読者の皆さんは、このような介護の仕事に対し、本当に３Ｋのイメージを持たれるのでしょうか？　けっして楽な仕事だとは言いませんが、世間で言われているほど、過酷な重労働でも、汚い仕事でもないと私は思っています。

介護の仕事とは、本来、体力を使う仕事というよりも、頭を使う仕事であり、気を遣う仕事。そして何より心を遣う仕事だと、私は思っています。

したがって、肉体的に大変だから仕事を辞めるとか、賃金が少ないから仕事を辞めるというのは、介護職員が仕事を辞める理由の本質ではありません。

介護職員が仕事を辞める本当の理由は、「自分のやりたい介護ができない」というジレンマゆえです。それを解決できない状態が長く続いた場合に辞めたくなるのだと、私は考えています。

たとえば、ある入居者は寂しがり屋。時間を見つけ、1分でもいいので話を聞いてあげると気分が落ち着きます。しかし、今の老人ホームの入居者の状態を冷静に考えた場合、今の介護職員配置数では、その人に対して関わる時間を十分に捻出することができません。そう考える介護職員にとっては、具体的な打開策が見えなければ、仕事や会社に対する不満は日々募《つの》っていくだけです。

また、こんなケースもあります。ある入居者はお風呂が好きでゆっくりと時間をかけて入りたいと思っています。しかし、ホーム側の都合なのですが、一日に10人の入居者の入浴があるので、計算すると一人20分しか時間が作れません。したがって、彼にお風呂を長時間独占させておくわけにはいかないので、早々に切り上げるように声掛けをしなければなりません。「もっとゆっくりお風呂に入りたいよ」と訴える入居者に対し、〝ごめんなさい〟と心の中で謝《あやま》りながら、次の人を入浴させる準備をしなければならない自分がいるのです。

介護職員の多くは、自分がやりたいと考えている介護はこのような介護ではない、自分が正しいと思っている介護はこのような介護ではない、と考えます。そして「きっと他のホームに移れば自分のやりたい介護ができるかもしれない」という思いで退職を決断するのです。

しかし、残念ながらその退職が報《むく》われるケースは、必ずしも多くはありません。むしろ、「こんなはずではなかった」とか「どこに行っても同じだ」「介護業界には期待はできない」という思いに打ちのめされているのです。

つまり、介護職員が仕事を辞める本当の理由は、自身の介護に対する考えや方向性が今のままでは（この会社にいては）実現できないという気持ちが膨《ふく》らみ、その気持ちが弾《はじ》けてしまったからなのです。けっして、賃金が安いとか仕事がハードだからという理由で退職をするのではありません。

会社のアンケートや行政が実施する職業実態調査などの場合、このような面倒な話をする気にはならないので、「賃金が安いから」「体力的にきついから」という理由で退職を決めたと回答する元職員が多く存在するのだと思います。

職員はなぜ、入居者の逝去で退職を考えたのか

介護職員が退職をする動機として意外に多いのが、入居者のご逝去です。私が、介護職員だった時にもこんな話を多く耳にしました。

介護職員「もうヤダ。こんなホーム辞めてやる。でも、受け持ちの入居者から、私を看取《みと》るまでは、あなたはこのホームを辞めないでね、って言われているの……」。

ちなみに、この話をしていた職員は、本当に入居者が亡くなった1カ月後にホームを退職していきました。

老人ホームなど居住系の介護施設に限った話だと思いますが、介護職員と入居者の

間には微妙な関係が構築されるケースがあります。私はそれを「疑似家族関係が成立している」と考えています。実際に、入居者の男性が自身の財産を身の回りの世話をしてくれた女性介護職員に譲るという遺言書を残し、その後、相続人と揉《も》めた話を聞いたことがあります。

東京都町田《まちだ》市で有名な電気屋の「でんかのヤマグチ」のキャッチフレーズは、「遠くの子供より近くのヤマグチ」と言うそうです。いつ訪ねてくるのかわからない実の子供よりも、電話一本で、いつでもどこにでもすぐに駆けつけてくれるヤマグチさんの社員のほうがよっぽど当てになる、というのが町田市の高齢者の合言葉になっているそうです。

毎日顔を合わせて、半ば一緒に住んでいるような老人ホームの介護職員の場合、ヤマグチさんと同じような現象が起きていると私は思います。

「私をあなたは責任持って最後まで看取ってね」
「俺が死ぬまでは、お前はこのホームを辞めてはならない」
「あなたがいるから、私はこのホームにいるのよ」

などと言われた介護職員の多くは、たとえホーム運営や運営企業自体に対し疑義が生じていたとしても、さらに、自分の考えている介護がここにいてはできないと考えたとしても、この約束を履行するまでは、我慢してホームで働き続けなければならないという思いを強く持つものだと思います。

転勤命令を拒絶する介護職員がいる理由

多くの介護職員は、会社員です。老人ホームには、非正規雇用の社員も多くいますが、正社員も一定数存在します。したがって当然転勤もあります。しかし、介護職員が素直に転勤に応じることは、まずありません。中には、転勤の内示を出すと「退職届」が出てくるケースも、珍しいことではありません。

ちなみに、介護業界の場合、転勤といっても自宅の転居を伴うような転勤はほとんどなく、隣りの駅前にあるホームとか、隣りの町にあるホームとか、最寄り駅は同じでも、バスに乗り継ぐ必要がある、といった程度の違いの転勤です。

このような軽微《けいび》な通勤時間の変更しか伴わない転勤に対し、なぜ、介護職員は難色を示し、中には退職をしたくなるところまで追い込まれなくてはならないのでしょうか？

理由は2つあります。一つは前記の「疑似家族関係」が成り立っていて、入居者（家族）と離れたくないという心理から来る拒絶です。もう一つは、ホームが変わると〝いわゆる介護流派〟が変わるので、今までの経験（ホーム内で積み上げてきた地位や実績）がゼロになってしまい、もう一度、ゼロからやり直さなくてはならないからです。

同じ会社であるにもかかわらず「流派が違う」ということが、本当にあるのだろうか？　と思う読者も多いかもしれませんが、実際は、同じ会社内でもホーム長や施設長が違うだけで、運営上の介護ルールは大きく違ってくるものです。

さらに、入居者の質や特徴など個別事情も変わるので、ほとんどの場合、転勤は常に〝新入職員〟の立場を思い知らされることになります。

端的に申し上げると、既存ホームでは自由に振る舞うことができる立場にあった者でも、転勤で新しいホームに異動になった場合、いくら社歴が古くても常に〝新参者〟という扱いを受けることになるのです。

具体的な事例で考えてみることにしましょう。少しは介護職員の気持ちも理解できるかもしれません。

現在、50人規模の老人ホームに従事している介護職員が、隣町にある100人規模の老人ホームに転勤になったとしましょう。この介護職員は、新たに転勤先の老人ホームにいる100人の入居者やその家族らの事情を理解することから始めなければなりません。

私は、よく自分のセミナーなどで、医療従事者と介護従事者との違いについて説明し、介護職員は原則全員正社員で構成することが望ましく、派遣などはもってのほかであると言っています。

理由について説明します。医者や看護師は、いつ、どこの病院に入職しても〝カルテ〟という共通言語のツールが存在しているので〝カルテ〟を見れば、すぐに自分の能力を100%発揮することが可能です。したがって、日替わりの派遣医師や看護師でも、通常業務は十分に遂行することができます。

介護職員の場合はどうでしょうか。老人ホームの場合、病院のカルテと同じような位置づけにあるものが「介護記録」や「介護日誌」、「ケース記録」になると思います。さらに、業務マニュアルや業務基準書という、業務を実践するための手順書も多くのホームでは存在します。しかし、いくらこれらの資料を読み込んで、入居者個人や老人ホーム、事業所のルールを理解したところで、介護実務を実践することはできません。

仮に、昼食時に食堂で、50人の入居者が同時に食事をするホームだとします。主な食事支援業務は、食事の配膳と下膳、食事や水分の摂取量の管理及び服薬管理、安全管理になります。冷静に考えてみてください。前記したようなことをすべて頭に入れたところで、はたして食事の配膳はスムーズにできるでしょうか？　「まったくできません」が、その答えです。入居者全員の顔と名前を完全に把握できている状態になるまでは、仕事にならないからです。

食事の配膳時に、隣りにいる介護職員に対し「○○さんはどこに座っていますか」と聞き、隣りの介護職員から「3つ目のテーブルに座っている白いシャツを着ている女性です」と教えてもらっていては仕事になりません。介護職員は、○○さんを目指して一直線に食事を持っていかねばならないからです。

ちなみに、多くの老人ホームの場合、食事のメニューは原則全員同じです。しかし、中身には違いがあります。特定の疾患により塩分、油分、糖分などに摂取限度がある入居者のために、制限内で個別に食事が作られています。さらに、アレルギーなどを持っている入居者などは「青魚は禁止」というようなケースも多く存在しています。また、服薬している薬の種類によっては「グレープフルーツは禁止」というような、禁止食材を持っている入居者もいます。

したがって、配膳一つとってみても、ルールは詳細に決まっていて、慎重に実施する必要があるのです。隣りの介護職員に「○○さんはどこに座っていますか？」なんて聞いているようでは、誤って違う人に違う食事を配膳してしまうリスクと常に隣り合わせ、ということになるのです。たかが配膳、されど配膳ということです。

このような複雑なルールの下《もと》、介護職員が仕事をスムーズに実行するために、条件があります。50人の顔と名前を少なくとも暗記するまでは一人前の仕事はできません。つまり、50人程度のホームの場合、１カ月間ぐらいは、どんなベテラン介護職員であっても、自分の力を１００％発揮することはできないということになります。

老人ホームの実態を理解していただくために付け加えておきますが、万一、配膳を間違えた場合、健康を害する可能性があることは当然ですが、それ以外にも入居者が不穏状態になり、一つ間違えば楽しいはずの食事が台無しになってしまうこともあります。

特に、認知症の高齢者の中には、イレギュラーな事態に上手く対応できない人も多くいて、いつもと違う食事が出されたということだけで、パニックになってしまうケースも珍しくはありません。いつも付いている「ヨーグルトが付いていない」「ジャムがない」とか、逆に「牛乳が付いている」という些細な理由で大騒ぎになります。

さらに、一人のパニックが他の入居者にも連鎖し、想像を超える事態になってしまうこともあります。

人の生活を支えるだけの仕事。この漠然とした、誰にでもできる仕事の、実に難しいところだと私は思っています。

しかし、このきわめて情緒的な、仕事に対する成果と報酬を強引に結び付けて、適切なサービスだったとか、不適切な介護支援だったとかと判断するのは難しいことです。ましてや、それを合理的に評価し報酬に落とし込むことはさらに難しい、と私は考えています。

実は、この問題こそが、介護保険制度に潜んでいる大きな課題であり、医療保険制度とはまったく性質の違うところなのです。今後、医療保険制度と同じような感性で介護保険制度の整備を進めていくと、介護保険制度の最終形は殺伐《さつばつ》としたものになってしまうでしょう。

職場を辞めた介護職員が、介護業界にとどまるためには

現在、介護業界では介護職員のキャリア段位制度の整備に入っていますが、これは、一つの会社で積み上げてきたキャリアを他の会社に転職した時にも通算して評価できるようにする制度です。つまり、介護1段の介護職員はどこの会社に行っても賃金は一定の金額からスタートする仕組み作りのことです。

話を少し深掘りしていきましょう。A社で積み上げてきた介護経験は、原則A社でしか通用しません。厳密に言うと、A社のホーム長に認められた介護は、C社のホーム長に認めてもらえるとは限らないということです。

業界では常識的な話ですが、大手のA社にいた介護職員は、ライバル企業であるB社には転職できません。B社がA社出身者は採用しないからです。中には、介護職として他の企業で経験を積んできた職員は一切受け入れない、という事業者も存在します。

理由はいろいろありますが、要は介護の「流派」が違うからです。他の「流派」のやり方が染《し》みついている介護職員を自社の「流派」に変更させることは、難しい作業です。であるとすれば、右も左もわからない素人《しろうと》に自社の「流派」を一から叩き込んだほうが自社の都合に合わせた介護職員を早く養成することができる、と判断しているのでしょう。

私は、国が進めようとしているキャリア段位制度について、考え方自体には理解を示すことができます。介護業界は慢性的な人手不足が問題になっており、それを解決する方法論はありません。その中で、一度業界の門を叩いてくれた介護職員を会社単位ではなく業界単位で囲い込み、逃がさないという制度は、時代の要請なのだと思います。

しかし実態は、事業者ごとに介護に関する考え方や方法論が違います。A社からB社に転職した場合など、その転職面接時に「うちはA社とは違うので、あなたのキャリアはうちでは役に立つかどうかはわかりませんよ」と、やられてしまいます。これではB社に転職しようとは誰も思いません。いくらキャリア段位という業界標準を作ったとしても、その標準を多くの企業が批准しなければ役には立ちません。

さらに言うと、万一多くの企業が批准するということになれば、個性のない金太郎飴のような事業所が多く出現するということになります。そうなると、サービスではなくなり、行政対応のような画一的な作業になってしまいます。どこの老人ホームでもまったく同じやり方で同じ方針で行なうということは、ホームごとの個性もなくなり、差別も区別もなくなるので、介護はどこもすべて同じということになります。つまり、介護保険制度が始まる前の措置の時代に先祖返りをする、ということになるのです。

入居者側にも反省点は多々あるはず

ここで、現在の老人ホーム職員の状況を簡単に説明しておきましょう。

多くの老人ホームは、新規出店を検討する場合、入居者確保の心配ではなく、職員確保を心配します。私の関与している老人ホームの多くも、新規出店会議の一番の協議は「そこに出店して職員は集まるのか？」ということです。職員不足の傾向は、特に都心部の老人ホームで激しく、中には予定通りの職員が集まらないため、開設時期を遅らせるとか、まずは1階と2階から開設し、3階4階はクローズしたままというケースもあります。当然、この職員不足は経営を直撃するので、これが原因で倒産に追い込まれるホームも発生しています。

なぜ老人ホームは介護職員が辞めるのか？　なぜ職員は集まらないのか？　私は介護「流派」の中で自分のやりたい介護ができないジレンマが問題なのだと前に述べました。ここではそれに加えて、入居者や家族にも問題があるということを、申し上げておきたいと思います。誤解をしていただきたくないことは、結果として、入居者や家族にも問題があるということであり、そもそもの原因は、老人ホーム側の方針や対応の不備にある、というのは当然のことです。

2000年に介護保険制度が始まり、老人ホームといえば、特別養護老人ホームだけだったところに、民間事業者が老人ホーム事業へ参入しました。介護保険制度が整備され、入居者の介護費用に対する自己負担額が原則1割となり、高嶺《たかね》の花だった老人ホームは、頑張れば手が届くところまで一気にハードルが下がりました。当然、入居ニーズは急増しました。

特に、業界を大きく変えた出来事は、介護支援事業はサービス業であるという、意識の大転換です。それまでの介護支援事業といえば、行政処分に基づき実施される行政の「措置」でした。平たく言えば「かわいそうだから面倒を見てあげよう」という施《ほど》しの世界でした。

それが突然、サービス業だということになり、入居者はお客様なので失礼のないように、ということになりました。介護現場はかなり戸惑《とまど》い、困惑してしまったというのが実情です。ホームによっては、サービス業といえば接遇やマナーが重要だと考え、言葉遣いや礼儀作法の勉強を教育研修カリキュラムの中に入れて、質を高める努力をしています。

かつて、私が勤務していた老人ホームでも「入居者様は民民の契約に基づきサービスを受けているお客様です。サービスを受ける権利があります」とか「今後は○○さんとか○○ちゃんという親しみを込めた呼び方はやめてください。必ず○○様と呼んでください」などという指導が頻繁にあったことを思い出します。入居者様はお客様というこの考え方に対し、基本的には誰も反論をする理由はないと思います。

しかし、サービス業という考え方に対し、正しい教育ができなかったこともあり、中途半端のままに「お客様は神様なので反論してはならない」「言われたことは何でもやらなくてはならない」という風潮になっていったことは否定できないと考えています。さらに、「神様の言うことが聞けないのか」という極端な変質をし、結果、職員が疲弊し、退職を加速させていったということだと、理解しています。

私の知人の特別養護老人ホームの管理者からも、冗談とも本気ともつかない次のような話を聞いたことがあります。おかしな利用者、家族を入居させると、職員が疲弊してすぐに辞めてしまう。職員が辞めるとホーム運営に支障が出るので、火種《ひだね》になるような入居者の入居は断わっている。なぜなら、入居希望者はたくさんいるので選ぶことが可能だからだ、と。

真面目な管理者であるこの男が、このようなことを実践しているとはとうてい思えませんが、そのくらいの気持ちになるぐらい現場では、入居者やその家族による無理難題で疲弊しているということも事実なのです。

「〇〇様」と呼ぶことがサービスなのか

最近は様変わりしてきていますが、介護保険導入時の介護事業はサービス産業であるという促《うなが》しは、本当に悲しいぐらい自虐的だったと、私は思っています。

次のエピソードは私の勤務していた老人ホームでの実話です。

入居者のある方は先天性の障害を持つ障碍者でした。見るからに障碍者とわかる風貌で、食事も排泄も自力では一切できない要介護5です。老人ホームに入るような高齢ではありませんが、現実的に彼を受け入れる施設はなく、やむなく老人ホームで生活をしていたということになります。彼の身元引受人は、高齢の実母。母親の口癖は、私が死んだ後もこの子をどうかよろしくお願いします、というものでした。

ある日、会社から母親に対し、今までの○○ちゃん（見た目から付けたあだ名）ではなく、○○様と呼ぶようにという通達があり、ホームでは会社指示に従うことにしました（なにしろサービス業なので）。いつものように15時過ぎに様子を見に来た実母が血相を変えて事務室に飛んできました。「施設長、なんで○○（あだ名）のことを○○様とよそ行きの呼び名で職員さんは呼んでいるのですか？　やめてください」と、目に大粒の涙をためて訴えてきます。介護保険制度が始まり、入居者様は大切なお客様。だから丁寧に○○様と呼ぶようにという指示が本社からあったので、と説明します。しかし母親は訴え続けました。「○○にとって、ここは自宅。そして、皆さんは家族だと思っています。だから、今まで通り○○と呼んでください。そのほうが○○も喜びます。どうかお願いします」。

高齢の母親の悲壮な訴えに対し、職員一同直《ただ》ちに元の呼び名に戻したことは言うまでもありません。その後、この出来事を受けて、職員の間で入居者の呼び方を考えることになりました。たしかに○○様と呼ばれてまんざらでもない入居者も存在します。しかし、圧倒的に多くの入居者は「親しみを込めて○○と」とか「子供のころから○○と呼ばれていたのでその呼び方でお願いします」「本人が○○と呼んでほしいと言っています」ということになりました。

呼び名の中には、事情のわからない人が聞いたらびっくりするようなひどいものもありましたが、当事者や家族は嬉しそうに目を細めてにこにこしています。老人ホームと入居者との関係は、疑似家族が成立しているのです。

中には「私たちより皆さんのほうが母から信頼されているようです」と、少し寂しそうに言う家族もいるぐらいです。

その真意の裏にあるものは何か。本当は、自分がやらなければならない親の介護を金と引き換えに他人にやらせてしまっているという後ろめたさだと、私は思っています。実の子供が介護職員に気を遣《つか》う風景は、なんとも言えない無常感を感じます。そんなに、自分を責めなくても、皆さんのお陰でわれわれは仕事ができるのですと申し上げても、心が晴れることはないはずです。私が読者の皆さんに知ってほしいことは、介護とは百人百色。正しいことなど、実はどこにもなく、自分のしてほしいことが一番良い介護サービスなのだということを、覚えておいてほしいのです。

　昨今、どの業界でも人手不足は深刻です。老人ホームも例外ではありません。老人ホームの中には、介護職員が確保できないので建物は完成したが開設することができないところも出てくる始末です。そのような環境の中で、老人ホームでは外国人労働者と同じぐらい、いやそれ以上にAIやIoTの活用に力を入れています。見守りセンサーを活用して、入居者の行動を定点観測し、危険な行動に繋《つな》がるような場合だけ介護職員をサポートするとか、介護スーツを活用して、安楽、安全に介護職員を重労働から解放するとか、介護記録を電子化することで同じことを何度も書く手間を省き、介護職員同士の情報の共有をスムーズにできるようにするとか、多くの大企業がこの逆境をビジネスチャンスと捉《とら》え、参入にしのぎを削っています。

　これらの仕組みによって、業務が自動化され、介護職員にかかる負担が軽減されることは大いに歓迎されるべきことですが、実は、危惧《きぐ》されることがあります。それは、介護職員の実施する介護支援業務とは、まずは人の手でただちに実施するということが重要なのではないか、ということです。

私が言う「手」でやるという行為は、人が人のことを考え、人が中心になって実施することを言います。医療の場合は、人の命を救うために、技術の進歩は常に歓迎され、便利で正確に低コストで処置ができたほうが良いに決まっています。

しかし、介護とは人が人の日常生活を支えること。支えるということは、技術的なこともさることながら、精神的なこともきわめて重要だと思っています。したがって、AIやIoTで便利になったり、効率的になったりすることは必要ですが、人が人をサポートするという姿勢は忘れたくはありません。「なんとなく居心地が良い」「安心できる」「ホッとする」といった居住性は、便利で合理的なだけでは得ることはできません。時には、無駄があり、非合理的な中からしか生まれてこないこともあります。いくら人手不足であっても、介護の情緒的な部分は残さなくてはならないと思います。

医療と介護の違いを考える

医療の目的は何か？　それは病気やけがを治すことです。それでは、介護の目的は何なのでしょうか？　私は、高齢者介護の目的は、死に向かって生きている人に対し元気を与え、前向きに死なせてあげることだと考えています。「前向きに死なせる」なんて不謹慎なことと思う読者の方もいるでしょうが、死について考えるということは、実は「生きることについて考える」ということなのです。

私も、年齢的に人生の折り返し地点を過ぎています。毎日ではありませんが、寝る前などに「自分が死ぬ時には、いったいどんな思い、どんな心持ちでいるのだろうか」と考える時があります。そして、必ず心に誓います。残された自分の時間をけっしてムダには使いたくない。自分には、それほど時間は残されていない。時間を大切にしなければ、もちろん、人は愚かなもので、目を覚まして新しい一日が始まると、そんなことは忘れて、だらだらとした時間を過ごしてしまい、自己嫌悪に陥っています。

だから、老人ホームの介護職員は入居者の死に対し真剣に思いを巡《めぐ》らせ、考える必要があります。そして、その思いを率直に入居者と共有することが重要だと、考えています。


冗談みたいな本当の話です。私が老人ホームで介護職員として働きはじめた頃です。

毎月のように入居者が亡くなります。当時は、今のような「看取り《みと》」という概念も一般化されていないので、ほとんどの入居者は病院で亡《な》くなることが当たり前でした。しかし、ほぼ人生の余力のすべてを使いきって生きている高齢者には予期せぬことも起き、気がついたらベッドの上で亡くなっていたというケースもあります。

老人ホームで入居者が亡くなった場合、介護職員はどのような行動をとることが普通なのでしょうか。まず、居室に鍵を掛け、誰も入室することができないようにします。そして夜を待って、介護職員総出で裏口からご遺体を搬出し、待機している葬儀屋の車で葬儀会場に運びます。ポイントは、入居者の誰にもこの事実を気づかれないようにしなければならないということです。深夜、入居者が寝静まった頃を見計《みはか》らい、そーっと搬出すること。そして、次の日からは、何もなかったかのように立ち振る舞うこと。万一、「今日は、○○さんを見かけないけどどうしたの？」と他の入居者から聞かれた場合は、「具合が悪いので病院に入院しています。○×さんも気をつけてね」と回答することになっていました。

そして、誰もこのことに触れることなく数カ月が経過し、皆が忘れた頃を見計らって新しい仲間が入居し、またしても何事もなかったかのように淡々と日常生活が繰《く》り返されていきます。当時の私たちは、この行動が正しい行動だと先輩から教えられ、それを信じて実践していました。入居者にとって「死」は身近なものです。自分も近いうちにきっと……、という気持ちになってしまうので、けっして「死」というキーワードに触れてはいけないと教えられました。

しかし、今の老人ホームではご存じのとおり「看取り」という行為が日常化され、死は入居者にとって身近なものとなっています。さらに、亡くなった後、通夜や告別式をホームで実施するところさえ出てきました。入居者が亡くなった後、ホーム内に設けた葬儀会場には、親しかった他の入居者が三々五々集まり、花を手向《たむ》け、お別れをしています。最近では、介護職員に対し納棺師の資格を取得させ、ご遺体のエンゼルケア（死化粧などの死後処理）を介護士が行ない、葬儀まですべて自前で完結できる老人ホームさえあります。

入居者に教えられた、高齢者の「死」に関する話

私が介護職員として駆け出しだったころの話です。

83歳のおばあちゃんがいました。10年ぐらい前にご主人を癌で亡くした後、ご主人が残してくれた豪邸で一人で生活をしていたようですが、もし万一の事態が起きた時に、「子供たちに迷惑を掛けたくない」という気持ちから老人ホームに入居を決断したといいます。見た目も華《はな》がある方で、きっと若いころは相当な美人だったのではという面影《おもかげ》があるおばあちゃんです。いつも、背筋を伸ばし、凛《りん》としたたたずまいで、他の入居者が認知症の入居者のことを馬鹿にしているところを見ると「いつ、私たちだって認知症が発症するかはわかりません。だから、馬鹿にしてはいけませんよ」と職員に代わり諭《さと》してくれるような人でした。

ある日、私が夜勤をしていると、珍しく彼女から「手がすいたら部屋に来てほしい」という依頼がありました。「珍しいな」と思いながら私は11時ごろに彼女の部屋にうかがいました。ベッドに横になっていた彼女は上半身を起こし、「洋服ダンスの上にある箱を取って」と言いました。

私が箱を取って渡すと、その箱の蓋《ふた》には「旅立ちの日の仕度」と書いてありました。私が「旅行にでも行くのですか」と何気なく言うと、彼女は笑《え》みを浮かべて「開けてみて」と箱を開けることを促します。私が言われたとおりに蓋を開けると、中には赤い帽子とドレスが入っていました。「やっぱり、旅行に行くのですね。どちらに行くのですか？」。彼女は無言で笑っているだけです。

もう、読者の方は気がついたと思います。この衣装は、彼女の死装束、亡くなった時に着せてほしい洋服だったのです。「あなたに頼んでおくわ。私がここで死んだときは、この洋服を着せてから火葬場に連れていってほしいの」。

さらに、彼女が続けました。あなたたちは、私たちのことを気遣って、入居者が亡くなったことを一言も言わないけど、私たちは気がついているの。ここにいる人は、みんな数年後には死ぬのよ。私だって、今年のオリンピックが人生最後のオリンピック、次にオリンピックを見ることはないわ、と。

彼女が私に何を言いたかったのかというと、人の死亡率は１００％だということ。そして、年を取ると死は何も怖くないし、早く死にたいとすら思うものであること。

だから入居者が死んでも変に隠す必要なんてない、ということ。

この話をして1年後に、彼女は宣言どおりホームで亡くなりました。もともと心臓が弱かったせいもあり、死因は心不全でした。さっきまで、椅子に座って大好きな紅茶を飲んでいたのに……。本当に誰の手も煩《わずら》わせることもなく、最期までAさんらしい死に方だったと、今でも忘れることはできません。

胸部大動脈瘤《りゅう》を抱えた入居者の話

これも私が勤務していた老人ホームでの話です。

関西出身のおばあさんがいました。彼女は、長い間、ある有名な進学校で国語の先生をしていた人です。90歳をとうにすぎていましたが、頭もしっかりしていて、まだまだ現役で生徒に国語を教えることができそうな人でした。

そんな彼女には、大きな問題がありました。胸部に大きな大動脈瘤を抱えており、主治医の話によると、大きさから推察するといつ大動脈瘤が破裂してもおかしくない状態。もし、破裂した場合は大量の出血を伴《ともな》い、早期に適切な手術が必要で、老人ホームにいたのでは手術を行なうことは無理でした。つまり、破裂したら確実に死にますよ、ということです。

そのすべてを知っている彼女は、主治医の助言を無視して老人ホームでの生活を継続していました。ある日のこと、介護職員の定期訪室時にベッドに寝ていました。声をかけてもまったく反応しません。まさかと思った介護職員は持っていたPHSで看護師を呼びます。すぐに血相を変えて看護師や介護職員が駆けつけてきました。そろそろ役者がそろったころにBさんはつぶっていた目の片方を開けて、「まだ、生きとるでェ」と言って笑ってみせます。趣味の悪い冗談はやめてほしいと、だまされた介護職員の怒りは収まりません。「心配して損したわ」「殺しても死ぬようなたまじゃない」などと言いながら居室を出ていきました。

それから1週間後、主治医の言ったとおり、彼女は大動脈瘤破裂による出血ショックで亡《な》くなりました。異変に気がついた夜勤者の懸命な対応もむなしく、救急車が来た時はすでに瀕死《ひんし》の状態だったと言います。私は彼女が亡くなる3日前、夜勤時に小1時間ほど話をしたことがあります。

彼女はベッドで横になりながら、私に次のような話をしてくれました。「私はね、死ぬことがまったく怖《こわ》くないの。早く、お父さんのところに行きたいと、心からそう思っているの。何も思い残すことはないわ。いい人生だった。お父さんも2年前にこの部屋で亡くなった。私もこのホームで死のうと決めているの。病院でなんかで死んでたまるもんですか。胸の爆弾がいつ爆発するかはわからないけど、爆発しても放っておいてくださいね。何もしなくていいから。私がここにいることで、皆さんに迷惑をかけることが心残り。ごめんなさいね」。そう言うと少し微笑《ほほえ》んで目をつぶって寝てしまいました。

もちろん全員ではないと思いますが、高齢者は私たちほど死を恐れてはいません。したがって、「死」を感じさせない、連想させないという介護は間違っているかもしれません。いずれ確実に来るであろう「死」に対し準備をし、備えるための支援を、もっと介護職員は積極的にしなければならないと思っています。死は、けっして特別なことではありません。誰にでも訪れる人生最後のイベントです。老人ホームでも介護という仕事を通して「死」に対するサポートをもっと適切にできるようになればよい、と思います。

介護とは、生き方のサポートである

老人ホームへ入居を決断する理由はさまざまですが、私の知人のある方は、自身のお父さんを老人ホームに入れる決断をした理由を、次のように話してくれました。私は、子供が自身の親を老人ホームへ入居させる決断をする理由は、「困っているから」だと考えていましたが、そうではない理由もあったのだと痛感した出来事でした。

彼が自身の父親を老人ホームに入れる決断をした理由は、「今なら、まだ自分の家族からおじいちゃんが嫌われないですむから」というものでした。父親は、奥様に先立たれた後、関西で一人で暮らしていました。数年前から軽い認知症状を発症し、彼や彼のお子さんなどが毎月順番を決めて自宅を訪問していました。なんとか家族のサポートを受けながら独居生活を継続していました。が、最近では、警察の世話になることもあり、近隣から心配の声も上がり、結果彼の自宅へ引き取ることを決断しました。その後、認知症状は徐々に進みましたが、本人の強い希望もあり、介護事業者からの介護支援サービスは受けずに、家族のサポートで生活をしていました。

しかし、排泄が難しくなったタイミングで、彼はホームへ預ける決断をしました。特に心を砕《くだ》き悩んだことは、大学生の長女や長男にとって、おじいちゃんの、やさしく、そして経済的にも社会的にも尊敬できる立派な男性だったイメージを傷つけたくないことと、加齢に伴う人間の結末を子供たちにも理解してもらい、おじいちゃんの介護に対し協力をしてもらうことでした。考えた末に出した結論は、父親がまだなんとか体裁《ていさい》を保っているうちに、老人ホームへの入居を決断し、子供たちもたまには会いに行くという習慣をつける、ということでした。私が相談に乗っている時、何度も「子供たちが父親に笑顔で会いに行ける環境を作りたい」と言っていたことを今でも忘れることはできません。

ともすると、姥《うば》捨て山と勘違いされる老人ホームですが、比較的元気なうちに入居をするということは、このような家族の想《おも》いを実現するために一定の役割を持っているのです。

もちろん、このケースは、経済的に豊かだからこそ可能だった話です。さらに、高齢期に起きる認知症に対して直面せずに、その実態から目を背《そむ》け、元気だったころの理想の父親像を見ているというケースなので、万人に勧《すす》められる介護かどうかはわかりません。しかし、そのような個人的な事情も含めて、介護とは本来個別性があり、個人の立場、状況などを鑑《かんが》み、「こうあるべき」ということではなく「こうでよい」という観点で各自がフリーハンドで考えればよいのではないでしょうか。十人十色。これが介護の正しい考え方だと、私は考えます。

独居老人を最近見かけなくなったと思っていたら、自宅で亡くなっていた。しかも、１カ月も前に――これはよく聞く話です。

高齢者が孤独死をし、その発見に時間を要《よう》した場合は、その遺体は腐り、後始末に多大な時間と費用が発生します。さらに、このような事故が起きた不動産を売却したり、リフォームして貸し出したりする場合、何が起こったかを説明をしなければなりません。当然、このような事故物件は、思うような価格では売れません。黙っていればわからないのでは？　と考える読者の方もいると思いますが、不動産取引には、重要な事項について告知義務があります。当然、事件が起きて解決するまでの間、警察が出入りし、必要があれば聞き込みもするので隣り近所の住人には、周知の事実となります。さらに、世の中には新聞記事で死亡事件などを見つけ、その詳細をレポートするべく現地に足を運び、写真付きで事件が発生した家の概要をネットで発表している事業者も存在しています。

つまり、事件の事実を隠して不動産を処分することは、不可能だと考えたほうがよいということになります。

「孤独死」を防止するという行為は、言い換えれば、所有している不動産の価格を棄損させない行為です。多くの人にとって一番高額な資産の価値を市場価格よりも著《いちじる》しく棄損させる行ないは、資産の劣化というレベルの話ではなく、死活問題のはずです。そのためにも、独居の高齢者の場合、早めに老人ホームなどに住み替えることが重要だと気がついてほしいと思います。

介護保険制度は相互扶助。あれもこれも過剰なサービスを望んではいけない

介護保険制度を支える根幹は、実は「相互扶助」という概念で成り立っています。しかし、現実には、多くの利用者が介護保険料を支払っているのだから（税金を支払っているのだから）、使わなくては「損だ」という考えで制度を利用しているように見えます。今もそうですが、「得する老人ホームの選び方を教えてほしい」というリクエストが多々あります。しかし、介護保険制度を利用した老人ホーム選びには、得も損もありません。あえて言うなら、損得ではなく、向き不向き、相性が良い悪いという意味での老人ホーム選びはあると考えています。

これは利用者側だけのことではありません。制度を導入した行政側も、介護保険事業のことを「サービス」「契約」と呼び、「利用者様」とか「お客様」とかという言い方を奨励し、必要以上に「尽くすこと」が重要だという風潮を一時期に作ったことがあります。ある特別養護老人ホームでは、大手航空会社の元キャビンアテンダントをマナー講師に呼び、礼儀作法の研修をしていたこともあります。

マナーの向上がけしからんと言っているのではありません。度を超えた「お客様は

神様」的な、そんな奴隷的な対応の仕方が、入居者を勘違いさせ、無理難題を言われた結果、職員が疲弊していくということを理解してほしいのです。

使わなければ「損」という発想ではなく、自分が使わなければその分を隣りの入居者が使うことができるという発想で、介護保険制度を利用したいものです。老人ホームには、そんな考えを持つ入居者が数多くいます。制度など理解していなくても、生き方としてこのような考えを持っている人たちです。

「私は大丈夫だから、あの方のお世話を早くしてあげて」。何度も何度も、介護職員だった時に耳にした声です。「自分はいいから」と言われたら「そんなこと言わずにお手伝いをさせてください。私の仕事ですから」と答える。これが介護保険制度のあるべき利用方法です。

入居者の家族から「絶対に転倒させないでください」という要求があります。それは「老人ホームは、介護の専門施設なのだから転倒など起きないだろう」という勘違いから来ているものです。さらに、経済的な負担を考えた場合、転倒した結果、骨折し病院へ入院となります。そうすると病院への支払いと老人ホームへの支払いの二重払いが生じます。そんな入居者の家族に対し、私は次のように言うことにしています。「自宅にいても転倒する時は転倒します。ですから、ここでも転倒する可能性はあります。もし、転倒がどうしても嫌で縛っておいてもかまわないということでしたら、そういう老人ホームへ入居することをお勧めします」。

加齢とともに身体のバランスを維持する機能が低下している場合、歩行に伴う転倒は、ある意味「やむをえないこと」なのではないでしょうか。転倒は困る。しかし、縛りつけておくことも、薬で立てないようにしておくこともできない。そんな時、介護職員は多くの入居者の中の「一人の入居者」とどう対峙すればよいのでしょうか？　必要以上に介護職員を追いつめていけば、介護職員が世の中からいなくなるということに気がつかなければなりません。

介護保険制度は相互扶助の精神が重要です。保険料を払っているのだから、権利があるのだから、そう言って介護現場に過度の負担を掛けていくとどうなるでしょう。そのうち、利用する時の自己負担額が数倍に膨れ上がり、よほどの富裕層でなければ介護保険制度を使えなくなる時代が来るかもわかりません。

第3章

老人ホーム崩壊

ひと言で「老人ホーム」といっても多種多様。わざとわかりにくい制度にしているのかと、思わず疑いたくなるのが現状です。今の老人ホーム群（特養、有料老人ホーム、サ高住など）は、その存在理由も役割もあいまいです。その上、ムダに多種多様なスキームが増大し、その結果、事業者も利用者も混乱しているのです。

本当に役立つ情報とは何だろうか

この章では、老人ホームの種類や特徴についての基本事項を説明していきます。

本書は専門家やその道のプロに対し、細かなところを解説するのを目的としたものではありません。したがって、私は、各ホームの制度の違いや、法制度に基づいた基準の違いを、細かく論じようとは思っていません。

私は、老人ホームに入居を考えている一般的な高齢者やその家族の皆さんに対し、できるだけ老人ホームという存在をイメージしやすくして、その全容をなんとなく摑《つか》んでいただきたいのです。さらに、正しい老人ホームに対する認識を習得していただき、入居に関するミスマッチを減らしてもらいたいと思っているのです。

いくら、老人ホームの制度や基準を理解したとしても、それは知らないより知っていたほうがよいという程度のものです。知らないより、知っていたほうが老人ホームの入居相談時に、老人ホームの運営事業者側との交渉話が早く進むという利点はたしかにあります。しかしその利点は、必ずしも入居後の快適な生活を保障するものではありません。

私は今までに、老人ホームに対する入居セミナーで講師を多く務めてきました。そんな経験から漠然とですが、老人ホームに入居を考えている方々に対し、制度や基準などをこと細かく説明しても、まったく〝無意味〟〝役に立たない〟ということを自覚しています。たとえば、「常勤職員配置数は3対1が基準です」と言えば、机上で計算することはできます。60人の定員の老人ホームの場合、常勤配置職員数は20人ということになります。しかし、この基準を理解できたところで、入居生活にははたしてどのような影響が出るのでしょうか。まったく役に立たない情報だと思います。

私はそのような基準の周知よりも、実際に起こるこんなことのほうが重要だと思っています。3対1で職員を配置している老人ホームの場合、介護職員は入居者の外出には人手が足りないため、同行できない場合が多い。しかし、基準を0・5人上回る2・5対1で職員を常勤配置しているホームの場合は、外出に同行できる可能性があります。もちろん、その場合はホームによって別途同行のための費用負担が必要ですが……。

つまり、3対1の法規定通りで職員配置をしている老人ホームの20万円と、外出同行が可能な老人ホームの23万円は、どちらが本当に高いのかと考えると、一概に、23万円のホームが高いとは言い切れないのです。毎月2回程度病院受診などで外出をしなければならない要介護入居者の場合、ホームの介護職員が外出同行できない場合は、外部の事業者に実費を払って同行してもらうか、家族がその役割をするということになります。どちらが得なのかは、実はその人の置かれている立場で変わります。

さらに、職員配置数によって、実際にどのようなことができて、できないのかを理解することのほうが、規定や基準を覚えることよりも何倍も重要なことなのです。

とはいえ、老人ホームの正確な法制度を知りたいという場合は、ネットで「老人ホ

ーム　基準」あたりで検索をかければ、嫌と言うほど説明文が出てきます。知りたい方は、それを参考にしていただければと考えます。

さらに、厚生労働省や都道府県に設置されている介護保険課などでも情報を得ることができます。そういった中で私の役目は、私の老人ホームでの勤務の経験、入居相談の経験から、読者の皆さんにとって本当に役に立つ情報の提供にあると考えています。

元祖老人ホーム＝特別養護老人ホームとは、何か？

特別養護老人ホームは、特養（以下「特養」と称します）の愛称で親しまれている社会福祉法人が運営している老人ホームのことを言います。多くの特養は、設置に対し国からの助成金なども受け取っているため、どちらかというと公的な組織としての色合いを持っています。

したがって、入居の相談窓口は行政に設置されているケースが多く、ケアマネジャーがその手続きを代行している場合も多いようです（地域によって、慣習が違うので、詳細は地元の行政に確認をしてください)。

さらに、利用料金については、民間の有料老人ホームと違い、入居者の所得資産属性に応じて4段階に分かれています。平たく言うと低額所得者の方の利用料金は、割安に設定されています。したがって、特養は高齢者の〝セーフティーネット〟の一つということになります。

また、入居希望者(待機者)が多いことでも有名ですが、実際には待機者どころか地域によっては空室が多く、入居者募集に苦労している特養も少なくありません。

さらに建物設備については嘘のようなホントの話ですが、民間企業が運営している有料老人ホームよりも立派なものが多く、私が民間の有料老人ホームの介護職員だった頃は、よく介護現場で「高額所得者は費用の高い民間企業が経営している中古社宅を改修した有料老人ホームに入居し、低額所得者は新築で豪華で料金の安い特養に入るという理解しがたい構図が存在するけど、この話ってどこか何か変だよね」という趣旨の話をしていたことを思い出します。

多くの民間の老人ホームは今でこそ新築物件が多く建設されていますが、当時は、大手企業が人事政策の転換により解約を申し出た社宅を老人ホームに改修した物件が多かったものです。新築しかなかった特養と比べた場合、立派な建物ではなかったことによります。

簡単に言うと、一定以上の資産や所得がある高齢者は、いくら待っても価格が安い特養には入れず、民間の老人ホームしか選択肢が無いのが現状でした。

つまり、高額所得者や資産の多い高齢者は、特養には入りにくい制度になっていたということです。

制度に振り回されている特養の悲劇

特養とは、高齢者に対するセーフティーネットである。何度も言いますが、これが私の特養に対する解釈です。平たく言えば、低額所得者や生活保護世帯の要介護状態の高齢者が、身体の状態が悪くなり自宅での生活に無理が生じた場合、最後に駆け込める施設が特養ということになります。

おそらく、数年前までは、この解釈でよかったと思います。

最近、「ユニットケア」というキーワードを聞いたことはないでしょうか？　現在、新しく開設している特養の多くは、この「ユニットケア方式」の特養です。

従来の特養について簡単に説明をしておきます。特養とは、元来、病院と同じ多床室で構成されています。

つまり、大きな部屋にベッドが4つ程度配置され、ベッドの周りにカーテンが張られている、病室と同じイメージです。当然トイレは部屋の中にはなく、廊下に共同トイレが設置されています。

食事や入浴は、建物内に配置されている大食堂や大浴室で、全員が同じ時間に集合して食べたり、曜日を決めて集団生活の中で一度に複数の入居者が入浴を行ないます。だからこそ、運営コストも安く抑《おさ》えることができ、その結果、利用料金も安価に設定できるのです。このような低コスト運営が、多くの高齢者、特に所得の少ない高齢者が安心して入居することができる、特養の基本スキームだったのです。

つまり、けっして贅沢な暮らしはできないけれど、低所得の高齢者でも安心して入居することができる老人ホーム、という位置づけでした。

しかし、ユニットケアの場合、まるで真逆《まぎやく》な現象が起きてしまっています。ユニットケアとは、老人ホーム内を10人程度の小ユニットに細分化し、ユニットごとに介護支援サービスを提供する方式のことを言います。当然、全室個室でありホームによっては、居室内に洗面所やトイレも完備されています。

たとえば100室の特養であれば、100室の個室が存在し、さらに10個のユニットがグループ化され、このユニットごとに食堂や浴室などを配置し、ユニット内ですべてを完結できるという介護方式になっています。

当然、10人という小さなグループごとに専属の介護職員が配置され、介護支援を受けることになるので、毎日決まった介護職員から個別事情に合わせた手厚い介護サービスを受けられます。Aさんはいつも朝寝坊なので、朝食は8時ではなく10時に食べますとか、Bさんは今まで夜入浴をしていたので、夕方の6時に入浴します。というような個別の介護支援が〝売り〟になるのです。

手厚い介護支援サービスが〝できる〟ということは、言い換《か》えれば、多くの職員が必要になるということです。そして、その結果として運営費用が多くかかり、その運営費用は利用者が負担することを意味するのです。

特養といえども、すべてを公的資金で賄《まかな》うということは難しいので、当然、利用者負担が発生します。特養の場合、ホテルコスト（介護以外の宿泊や食事にかかる費用）は、原則入居者負担になります。この利用者負担金額を基《もと》に、特養経営に関する事業計画が作成されているので、当然運営コストが高くなればなるほど、利用者負担額を高くし事業収支を合わせなければ監督官庁の許可は下りません。つまり、赤字では設置許可が下りないため、黒字になるように利用料金で調整していくのです。

このように、ユニットケアとは、一部の民間企業が運営している高級老人ホーム（入居金が5000万円、月額利用料が30万円など）が採用している介護方法なので、サービスが手厚いことには間違いありませんが、その分、かなり高コストなホーム運営になることが避けられません。

つまり、高齢者のセーフティーネットであるはずの特養が、利用料金では民間企業が運営する有料老人ホームと何ら変わりがない、中には民間の老人ホームよりも高額な特養というおかしな現象が起きてしまっているのです。

繰り返しになりますが、特養とは社会福祉法人という、固定資産税なども免除されている公的な色合いが強い特殊法人が運営する老人ホームです。そしてその設置目的は、地域の高齢者の役に立つ老人ホームだと、私は解釈しています。

しかし実態は違います。地域によっては「ユニットケア方式」であるため、料金設定が高すぎて、地域の高齢者にはとても手が届かず、わざわざ遠方の都心部から高齢者を誘致しなければ入居者確保がままならないという事例が数多く存在しています。地域の高齢者の所得では、とうてい入居することはできない特養です。マスメディアでも取り上げられましたが、東京都杉並区が静岡県に特養を開設しています。杉並区の高齢者の世話を、静岡県の人々に仕事を提供するという理由で運営しているのはいかがなものでしょうか。

特別養護老人ホームは、介護を必要としている高齢者やその家族の最後の駆け込み寺。誰でも利用することができなければいけません。そのためには、運営コストが極力かからない方法で、低料金で運営することが役割なのです。このレベルのサービスでは自分は納得できない、個室でなければ嫌だというような高齢者は、民間の老人ホームへの入居を考えればよいのです。重要なことは、各老人ホームは自分たちの役割を決め、その役割を全《まっと》うするということ。ここが、混沌《こんとん》としているので、入居を検討している高齢者やその家族は混乱し、何が正しくて何が正しくないのかもわからず、その結果、一部には悪質な老人ホーム運営会社がはびこってしまう温床になっているのだと思います。

老人ホームの主役＝介護付き有料老人ホームとは、何か

介護付き有料老人ホームの運用モデルは、前出の特別養護老人ホーム（特養）と、一見ほとんど変わりはありません。このように説明すると、さらに混乱する読者もいるでしょう。そこで少しだけ、何が同じなのかを説明させていただきます。

介護保険法上は、介護付き有料老人ホームのことを「特定施設入居者生活介護」の指定を受けた老人ホーム（事業所）といいます。ちなみに、「介護保険3施設」という概念があります。この中には特養は含まれていますが、介護付き有料老人ホームは含まれていません。

つまり、有料老人ホームとは、原則〝介護施設〟には分類されませんが、「特定施設入居者生活介護」という特別な指定を受けた場合に限って〝介護付き有料老人ホーム〟に進化し、介護保険３施設に準じた扱いになり、運営方法も介護保険３施設に準じた運営が認められる、ということになります。

わかりやすく解釈をするならば、一般的に高齢者のための介護施設といえば特養ですが、民間の有料老人ホームの中で、一定の要件を備え特別な指定を受けた場合に限り、特養に準じた扱いの〝民間版特養〟に進化（？）していくのだということになります。

具体的には、何が特養と同じ扱いになるのでしょうか。結論から申し上げると、介護報酬の扱い、取り方が原則同じ、ということになります。ちなみに、介護報酬の取り方が原則同じということは、介護施設としての運営方法も原則同じ、ということになるのです。

もちろん、厳密に言えば、さまざまな部分において特養と介護付き有料老人ホームは違いますが、ここでは、おおむね同じという表現をさせていただきます。

自宅で訪問介護サービスを受けた場合は……

ご自宅で要介護認定を受けた高齢者が介護支援サービス（ホームヘルプサービス等）を受けた場合、受けた内容とその所要時間によって介護報酬は決まっていきます。そして、その積み重ね（出来高）で1カ月の総介護報酬が決まり、その総介護報酬のうち、1割から2割を個人が介護支援サービスの提供を受けた事業者に支払い、残りの8割から9割は国が事業者に対し、支払います。

なお、その介護報酬には、介護度（要支援1から要介護5までの区分があり、身体の状態に応じて行政が決定）に応じて限度額が決まっており、その限度額の中で、さまざまな介護支援サービスを組み合わせて受けることになります。

また、重篤《じゅうとく》な状態の高齢者の場合、より多くの介護支援サービスを必要とするケースが多いので、ともすると、自分の介護区分限度額を超えてしまうケースも発生します。その場合は、介護費用の1割や2割ではなく、全額自己負担になってしまうので注意が必要です。

事業者側から見た場合、この自宅で受ける介護支援サービスとは別に〝包括介護方式〟とか〝丸《まる》め介護方式〟と言われる介護保険報酬の取り方があります。そしてこの取り方が、特養や介護付き有料老人ホームで行なわれているのです。

たとえば、要介護2の高齢者が特養や介護付き有料老人ホームに入居した場合、入居と同時に法律であらかじめ定められた要介護2の月額介護保険報酬（これを「月額区分限度額」と言います）を、特養や介護付き老人ホームは全額受け取ることができます。そして、半ば強制的に入居者は、その介護報酬金額の1割から2割の自己負担分（この考え方は自宅で訪問介護サービスを受けた場合と同じ）を特養や介護付き有料老人ホームに対し支払うルールになっています。

乱暴な言い方をすれば、特養や介護付き有料老人ホームの事業者は、提供したサービスの量や質にかかわらず、入居者の介護度に応じて、定められた月額介護報酬を入居者数分、無条件で収入として受け取ることができる、という形になっているのです。

かつて介護付き有料老人ホームで働いていたころ、入居者やその家族の方からこんな指摘を受けたことがあります。ちなみに、そのような指摘をしてくる方々の多くは、比較的身体の状態が良く、介護支援サービスを多くは必要としない入居者でした。

「自分は介護職員から直接的な介護支援サービスを受けていないにもかかわらず、介護報酬の自己負担分をホームに取られていることは不公平ではないのか」

外側から見渡すと重篤な入居者は、多くの介護職員から手をかけられ、気にかけられ、さまざまな支援を受けていることがわかります。しかし、「自分は元気なので、介護職員からは、何一つ介護支援サービスらしきものを受けていない。具体的なサービスを受けていないのに、サービスに対する必要負担をさせられるのはきわめて不公平だ」という主張だったのです。

たしかに、特養や介護付き有料老人ホームでは、軽度な入居者の場合、このような事態が発生すると思います。また、入居者やその家族が「不公平だ」と感じること自体にも、一定の理解を示すことができます。

しかし、介護保険制度を導入している「老人ホーム」へ入居を考えている皆さんには、理解してほしいことがあります。その一つは、包括介護方式で介護サービスの提供を受けている場合も、自宅で訪問介護サービスを受けている場合も、ケアマネジャーが作成したケアプランに基づいて介護サービスが提供されている、という点です。けっして、老人ホーム側が元気な入居者だからといって、手抜きをしているわけではありません。

介護支援サービスには、身体介助のような〝わかりやすい〟支援サービスとか、「やってる感」がよくわかる支援サービスも多くありますが、見守り支援サービスのような、見た目では介護サービスなのかどうかがわからないものも、多く存在しています。さらに、そのような介護サービスの提供のほうが、実は手間もかかり、難しい場合も多いのです。

たとえば、「歩行時転倒注意」の入居者の場合、老人ホームではその入居者がホーム内を歩いているとき、介護職員はその入居者の行動に対し「全員注視」し、他の仕事をしながら皆で「見守り」を実践しています。さらに、職員の前を通った時などは「○○さん、今日は足取りが軽そうですね」「油断は大敵、足元注意ですよ」などと声掛けをすることになっています。

これは、ケアマネジャーが作成したケアプランの中に、「いつまでも自分の足で、転倒しないで安全に歩きたい」という入居者の要望に応《こた》える業務指示として、「要見守り、適宜声掛け実施を」と明記されているからに他なりません。

このような介護支援サービスは、身体介助と違ってわかりにくく、特に入居者側にはサービス提供を受けているという感覚も少ないので、その結果「何もやってもらっていない」「私は放置されている」ということになってしまうのです。

もう一つの理由として、介護保険制度の基本姿勢は「相互扶助」であるべきだと、私は考えています。持っている人が持っていない人の分を負担する。できる人ができない人の分もカバーする。このことが、介護保険制度を継続していくには重要な概念の一つだと考えています。

私が出会った多くの入居者やそのご家族方々の多くから、「私は自分でできるので、あちらの足の不自由な方のお手伝いをしてあげてくださいね」とか「私は大丈夫だから、早くあの方のところに行って助けてあげて」と、よく言われたものです。介護職員の気持ちとしては、このようなことを言われると、逆に「申し訳ありません。

○○さんだって、本当は支援を必要としているはずなのに。この借りは必ず返しますからね」と心の中で誓い、助けを求めている入居者のもとに急行したものでした。
つまり介護保険制度とは、自分の権利を当たり前のように行使する制度ではなく、なるべく自分たちで解決し、どうしてもできないところだけ人の手を借りる、という制度なのです。しかし、介護保険制度導入時から今日に至るまで、このような教育や指導を行なってこなかったために、包括報酬制度の場合、サービスはしてもらわなければ損だという概念が浸透してしまいました。事業者側も入居者に対し「できるところは自分で」ということに対し、単なるADL（日常生活動作）の維持向上をテーマとしてしか説明してこなかったために、相互扶助という概念が育たなかったのではないでしょうか。「洋服の着替えは時間がかかっても自分でやらないと、やがて手が動かなくなりますよ」といった健康上の話から自分のことは自分でやったほうがよいという促《うなが》しは行なっていましたが、相互扶助の精神からの促しには取り組めていなかったということです。

介護保険制度では「得」も「損」もないはず

私は仕事上、多くの皆さんから「入居者はどのように立ち回ると得なのか？」という趣旨の質問をよくされます。私はそのたびに「介護保険制度を利用するという行為に対しては、得も損もありません」と答えるようにしています。なぜなら、事業者が獲得する介護報酬の多くは、税金などの公金であり、私たちが納税したり保険料として納めたお金だからです。

利用者がムダにたくさんの介護保険報酬を使えば、当然、一定の期間を経過した後、必ずそのつけは私たちに対し、「増税」「介護保険料の値上げ」「介護保険納付年齢の引き上げ」「区分限度額の削減」「自己負担の増額」などといった形で跳《は》ね返ってきます。

介護保険制度における一番美しいあり方は、介護を求めている高齢者に対し、必要な人に必要な分だけの支援サービスを提供し、公的な介護保険費用をムダに拡大させないということだと、私は思っています。そしてそのためには、老人ホームなどの入居者は、自分でできることは自分で解決し、自分の行使できる介護保険報酬をより重《じゅう》篤《とく》で手のかかる入居者のために活用する、という考えが大切です。

少なくとも、今後、特養や介護付き有料老人ホームなど、包括的な介護保険制度を導入している施設では、このような運用方法になっていくはずです。

よくわからない類型＝住宅型有料老人ホームとは、何なのか

正直に申し上げて「住宅型有料老人ホーム」を現実に照らして上手《うま》く説明することは、私にはできません。というより、不可能だと考えています。

つまり、今まで説明をしてきた「特養」や「介護付き有料老人ホーム」とこの「住宅型有料老人ホーム」との〝違い〟はいったい何なのか？　という読者の質問に対し、法制度や基準の違いを説明すること自体は、実はたやすいことです。しかし、ここで留意しなければならないことは、多くの住宅型有料老人ホームの運用実態、つまり、入居者が入居した場合に受ける介護サービスの質や内容がどうなっているのかと言うと、特養や介護付き有料老人ホームとまったく同じ運用実態になっている、と言わざるをえないところです。

端的に申し上げると、制度や基準の違いを運用力で補《おぎな》い、特養や介護付き有料老人ホームと何ら変わらない内容で運営を行なっている住宅型有料老人ホームがとても多い、ということです。

読者の皆さんは、この時点で「何のこっちゃ」という気持ちだと思います。私も当然、同じ気持ち。つまりは「何のこっちゃ」なのですが……。

自宅にいるのと同じ形式なのが、住宅型有料老人ホーム

具体的な説明に入っていきます。住宅型有料老人ホームとは、当然「有料老人ホーム」の類型ですが、要介護者に対する介護支援サービスにスポットを当てて考えた場合、結局は「自宅にいるのと何ら変わらないもの」である老人ホームになります。

つまり、住宅型有料老人ホームで提供される介護支援サービスとは、自宅にいながらにして提供される一般的な「訪問介護サービス」でしかない、ということになります。

前出の介護付き有料老人ホームや特養で提供される介護支援サービスは「包括方

式」「丸め方式」だと、説明してきました。しかし、住宅型有料老人ホームで実施される介護支援サービスは、単なる「訪問介護サービス」。つまりは「出来高払い方式」の介護サービスになります。したがって、特養や介護付き有料老人ホームとは、介護サービスの提供の仕方がまったく違うのです。

この点だけで言えば「違い」が明白なので、話は簡単です。しかし、現実はそう簡単ではありません。多くの住宅型有料老人ホームの運営事業者は、この制度に自社独自の制度を組み合わせ、実質的に特養や介護付き有料老人ホームとまったく同じスキームを作って運用をしています。つまり、住宅型有料老人ホームでありながら、そこで提供されるサービスは介護付き有料老人ホームと同じ、という現象が起きているのです。

このような現象が、入居希望者等に対し実施している有料老人ホームセミナーで、制度の説明をすることを難しくしている原因でもあるのです。以前、老人ホームセミナーで住宅型有料老人ホームについて説明をしていたところ、参加者の一人から「先生、私の親が入居している老人ホームは住宅型有料老人ホームですが、先生の説明とは違い、介護サービスも包括方式でやってくれていますよ」と言われ、回答に窮《きゅう》したことがありました。たしかに実態はその通りなのです。

介護付き有料老人ホームの代替品として急速に広まった住宅型有料老人ホーム

住宅型有料老人ホームの話を複雑にしている原因は、住宅型有料老人ホームの発展過程に大いに問題があると、私は考えています。

今から10年以上前に、介護付き有料老人ホームは事実上、総量規制がかかりました。つまり、事業者が自由に介護付き有料老人ホームを開設することはできず、開設には常に都道府県知事や市区村長の許可が必要になりました。都道府県や市区町村は、保険者の立場として、事業者に対し介護保険報酬を負担する義務があります。そこで、特養と同じスキームである介護付き有料老人ホームが自身の行政区内に増えていくと、負担しなければならない介護保険報酬が確実に増えていき、やがては自治体の財政を悪化させていく心配が発生しました。

そこで、特養と同じように、介護保険計画の中でしっかりと管理していく必要性が生じたのです。地域の計画数（ベッド数）を検討した上で計画作成をし、予算組みをして管理をしていくことになりました。つまりは、総量規制とは、そこに入居し介護保険を利用する高齢者の人数制限を行ない、自治体が負担しなければならない出費を管理していることだと理解すればよいと思います。

総量規制を事業者の立場で考えた場合、今までは何の制約もなく自由に出店できた「介護付き有料老人ホーム」という商品が、急に「もう出店してはダメです」と言われたことになります。これは、事業者に対する事実上の「死刑宣告」です。もちろん、行政側に立って考えれば、急にある日突然、総量規制をかけたのではなく、一定の猶予期間を設け情報を少しずつ流しながら注意喚起を促し、徐々に総量規制を強化していったといえます。業者には、「準備はできていたはずだ」と反論するのではないかと思います。

とはいえ、一度始めた事業を途中で「止める」という行為は、事業者にとっては大問題だったはずです。なぜなら、民間の事業者は自分たちの流儀に合った「介護付き有料老人ホーム」という商品を確立すべく日夜企業努力をしています。当然、事業の損益分岐点として、入居者○○名以上とかホーム数○カ所以上というような規模を横にらみしながら、出店計画を立てていきます。

民間事業者の利益は、規模を拡大し、画一化した仕組みを磨き上げることで経営効率を上げ、生み出すものです。つまり、規模を拡大し、効率化を図り、損益分岐点に達成した場合に利益が発生するので、当初に計画した規模に達するまでは、出店を継続していかなければならないわけです。

それを、もう「介護付き有料老人ホームを建てることはできませんよ」と言うのですから、大変な事態だったのです。

そこで、各事業者が取った方法が、総量規制とは関係のない「住宅型有料老人ホーム」で出店し、自社で計画した事業計画通りの規模（ベッド数）を確保するというものだったのです。

しかし、これまで介護付き有料老人ホームを運営してきた事業者にとって、住宅型有料老人ホームでは運営方法がまったく違うので、今まで積み上げてきた運営ノウハウでは役に立ちません。そこで苦肉《くにく》の策《さく》として編み出した方法が、開設は住宅型有料老人ホームで行ない、運営は介護付き有料老人ホームと同じ方法で行なう、というものでした。

前にも記しましたが、介護付き有料老人ホームの介護体制は包括介護、住宅型有料老人ホームの介護体制は出来高払い介護です。

事業者の立場に立って考えた場合、介護付き有料老人ホームは、入居と同時に要介護度に応じてあらかじめ決められた介護報酬を得ることができるので、入居者数と入居者の要介護度で毎月の売上がほぼ確定します。それに引き換え、住宅型有料老人ホームは出来高払い方式なので、要介護度が高かろうと低かろうと、建物内に併設した同じ企業が運営している訪問介護事業所からの訪問介護を実施しなければ介護報酬を得ることはできない仕組みになっています。

つまり、住宅型有料老人ホームの確実な収入源は、家賃や管理費など不動産賃貸収入だけだ、ということになります。これでは、特に介護付き有料老人ホームを長年運営し、ノウハウを蓄積してきた事業者にとって、運営上のメリットを得ることはできないのです。

住宅型有料老人ホームを、介護付き有料老人ホームとして運営している実態

住宅型有料老人ホームを介護付き有料老人ホームとして運営するということは、具体的にはどのようにするのでしょうか？　さまざまな方法が全国レベルで編み出されましたが、典型的な一例を挙げて説明していきます。

住宅型有料老人ホームの場合、介護支援サービスは、併設した訪問介護事業者や通所介護事業所で提供しているサービスを実践するということになるので、介護保険報酬（売上）の獲得は、この2つのサービスを入居者により多く利用してもらわなければなりません。

多くの住宅型有料老人ホームでは、この2つのサービスに対し入居者一人当たりどの程度の利用があったのかということを、KPI指標と言っていますが、入居者の保有する月額介護保険区分限度額を100％使用させるケアプランを作るということが収益面では重要になる、ということです。

次に、この2つのサービスは「時間」で仕切られているため、24時間365日切れ目なく介護支援サービスを継続提供することは不可能です。つまり、入居者の保有している区分限度額を100%利用するようなケアプランを作成し、通所介護や訪問介護などの介護支援サービスを利用したとしても、当然そのほとんどを、入居者が一人で部屋で過ごす時間が占めることになってしまいます。

制度上、住宅型有料老人ホームの場合、自宅で生活している状態とまったく同じなので、ケアプランにサービスの記載がない時間帯は誰も関与しなくてもよいことになっています。したがって、夜間帯などは居室での放置状態が長く続いてしまいます。これでは、わざわざ高い家賃や管理費を払って住宅型有料老人ホームに入居するメリットがありません。

そこで考えられたのが、一定の定額料金を入居者に負担してもらう代わりに、ケアプランで対応できない隙間時間を包括的に穴埋めするサービスです。

たとえば、A社の場合は、要介護度に応じて手のかかる頻度が違うので、要介護度別に要介護1の入居者は月額3万円の生活支援費を負担するとして、事実上包括介護ができるような仕組みを作りました。さらに、この生活支援費をライバルホームよりも、より安くし、より手厚くするための競争が起こり、その解決策として入居者の要介護度別に有している介護保険の限度額（区分限度額という）を100％自社の事業所（通所や訪問）のサービスで利用してもらえるような仕組みを作りました。そこから得られる介護保険報酬を確実に稼ぐことによって、この生活支援費を低く抑え、なおかつ手厚い包括的な介護支援サービスの実現をしている住宅型有料老人ホームが多く出現しました。

この結果、住宅型有料老人ホームであるにもかかわらず、介護付き有料老人ホームと比べても費用負担も遜色のない包括的な介護支援体制ができ上がり、結果として、何ら介護付き有料老人ホームと変わらない性能を持ち合わせた住宅型有料老人ホームが多く出現することになったのです。

ここで復習しましょう。老人ホームの運営を理解するには、住宅型有料老人ホームの役割を理解しないとわかりません。

象徴的な事例をもとに、有料老人ホームの類型について理解を深めていきましょう。

できることは自分で行なう入居者のケース

要介護2の認定を受けている方は、自身の判断で「家族に迷惑を掛けたくない」ということで自宅近所の介護付き有料老人ホームに入居しました。彼の考え方は、日々の生活の中で、「自分でできることは自分で行なう」というものです。したがって、介護付き有料老人ホームに入居はしましたが、介護職員から介護支援サービスを受けるということもほとんどありません。

そこで、親切なケアマネジャーから彼に対し、系列の住宅型有料老人ホームへの転居を勧められました。彼の場合、多少時間がかかっても、自分自身のことは自分で解決しようという姿勢なので、身体介護や生活支援介護はほとんどない、というのが現状です。しかし、介護付き有料老人ホームの場合、身体介護や生活支援介護を職員から受けていなくても、要介護2に応じた自己負担額が発生します。特に彼の場合は、自己負担額は2割なので馬鹿になりません。

そのため、系列の住宅型有料老人ホームへの転居をお勧めしました。住宅型有料老人ホームの場合、自分にとって必要な介護サービスだけを選び、その費用の2割分を負担するだけなので、自己負担額がかなり軽減されます。さらに、住宅型有料老人ホームなので、介護付き有料老人ホームと比べて生活に対する自由度も多く、一人でできることであれば、原則、食事や入浴、外出なども自由です。彼のライフスタイルには、きっと住宅型有料老人ホームのほうが向いているのではないでしょうか。

多くの介護支援サービスが必要な、要介護3の入居者のケース

現在、重度の認知症で要介護3の認定を受けている入居者のケースです。住宅型有料老人ホームで暮らしていますが、ここを選んだ理由は自由な生活ができるからでした。

もっとも、入居時の介護度は1で、今のように認知症も発症していませんでした。1年前、居室内で転んでしまい、大腿骨《だいたいこつ》を骨折、病院に入院してから認知症状が出現し、今では徘徊や幻聴などもあり、多くの職員のお世話になって暮らしています。

ケアマネジャーから家族へ、こんな提案がなされました。

「このまま住宅型有料老人ホームで生活を続けていくと、介護保険給付限度額内では介護支援サービスが足りなくなります。足りなくなった場合、追加の介護支援サービ

ス費用は全額自己負担になってしまいます。計算では、このまま認知症状が悪化した場合、介護費用の自己負担額だけでも月額20万円を超えてしまうので、利用料金などを合わせると月額50万円近くになってしまいます。ついては、系列の介護付き有料老人ホームへの転居をお勧めします。介護付き有料老人ホームの場合、要介護3の介護報酬の2割負担のみで、包括的な介護支援サービスの提供を受けることができるので経済的です」。

ちなみに計算をしてみましたが、介護付き有料老人ホームへ転居された場合、月額費用は30万円弱で収まります。

わがままな入居者のケース

ある入居者は要介護2で精神疾患を抱えています。心配性の家族の勧めもあり、生活の自由度は高くありませんが、安心度を優先して介護付き有料老人ホームへ入居をしています。子供のころからお嬢様としてわがままに育てられた彼女は、介護付き有料老人ホームの規則正しい生活になかなか馴染《なじ》むことができません。

たとえば、朝食は朝の8時からと決まっていますが、彼女がベッドを抜け出す時間は決まって11時ごろなので毎日朝食にはありつけません。給食事業者の内規で、食事は提供時間後2時間までしか保存しないという決まりがあるからだそうです。さらに、入浴も一人で気ままに入りたい時間に入浴したいのですが、ホームの入浴方針によると彼女のような精神疾患を持っている入居者は、必ず介護職員が見守る中で入浴しなければならないことになっているので、職員の都合のよい時間に入浴をさせられます。

彼女の訴えを聞いたケアマネジャーは、系列の住宅型有料老人ホームへの転居を勧《すす》めました。一日の生活スタイルが一般的な入居者とは違う場合、全体介護の色合いが強い、規則正しい介護付き有料老人ホームでの生活は窮屈であり、かえって健康を害する恐れもあります。住宅型有料老人ホームの場合、介護支援サービスを個人の生活リズムに合わせることが可能なので、生活スタイルに合わせてカスタマイズできます。ただし、自由度と引き換えに安全度は当然低くなるので、リスクは自己責任で負う必要がありますが……。彼女と家族は熟慮した結果、自由度を優先して住宅型有料老人ホームへ転居する決断をしました。

介護保険制度とは、介護保険サービスを「すべて利用しない」のが前提

住宅型有料老人ホームを理解するには、事業者側の都合と保険者側（自治体側）の都合が存在することを理解しなければなりません。そして、2つの都合が常にせめぎあい、折衷案を模索しているというのが、介護保険事業の現状ではないでしょうか。

事業者側の都合は、なるべく要介護度の高い入居者に入居をしてもらい、自社で提供する介護支援サービスで入居者の区分限度額を100％を使用してもらいたいというものです。つまり、確実に収益を確保することで経営を安定させ、その結果、質の高い継続可能な介護支援サービス体制を作ることを目的としています。

保険者側、つまり自治体側の都合は、なるべく負担しなければならない介護保険報酬を少なくし、さらに利用者である地域住民の満足度は高めたい、ということになります。特に、介護保険報酬については、自治体の都合もさることながら、国の基本方針に基づくものでもあるため、いかんともしがたいものなのです。

最近、介護現場でよく聞かれる「自立支援」も、意地悪な見方をすれば、なるべく自分自身でやらせることにより、事業者への支払い報酬を減らしたいという思惑《おもわく》があるのではないか。このような根本方針が存在するので、開設時に一定の介護保険報酬の負担が確定する介護付き有料老人ホームよりも、開設時には何も確定せず、入居者の事情により変動する住宅型有料老人ホームのほうが保険者にとっては都合が良い、ということになるのです。

利用者の中には、区分限度額を目いっぱい利用せず生活をしていく入居者が一定数存在していることで、保険者が負担しなければならない介護保険報酬を削減することができます。

さらに、入居者にとっては、介護保険を利用すると1割から2割の負担をしなければならないため、なるべく介護保険を利用しないでサービスを受けて生活をしたいという気持ちもあります。三者の思惑が入り混じって今の介護業界がさらにわかりにくくなっているということを、理解してください。

「規則」で縛らなければ成立しない現実を、どう受け止めるべきなのか

最近、民事信託（家族信託）が人気だといいます。人気の原因はさまざまでしょうが、私は次のように感じています。

民事信託を簡単に説明すると、親の財産、たとえば親の名義になっている自宅を売却するという行為の執行者をあらかじめ家族の中から選任しておく、ということです。親が高齢を理由に認知症になってしまった場合、この自宅を売ることはできません（裁判所に申し立てをして成年後見制度を活用するという方法はあります）。そこで、あらかじめ、家族（多くの場合は子供です）に財産の処分権を委託しておくことで、子供が親に代わって自宅を処分することができるようにする制度です。もちろん、売却により得られた利益は子供ではなく、親に帰属しますので、親の所得となります。さらに、子供は原則無償で財産の執行や管理をしなければなりません。

私がこの制度を聞いた時に頭をよぎったことは何か。それは、一昔前ならわざわざ制度として定めなくても、勝手に家族間でやっていたのではないか、ということです。親が認知症になって判断能力が無くなった場合、長男が自分の責任として親の財

産を処分し、他の兄弟に対しても適切に分け与えるという行為は、自然とできていたのではないでしょうか？

人気のサービス付き高齢者向け住宅とは、何か

サービス付き高齢者向け住宅（サ高住）が登場し、さらにわかりにくくなり、介護付き有料老人ホーム、住宅型有料老人ホーム、サービス付き高齢者向け住宅の違いを説明することが、不可能になってしまいました。

このところ人気のサービス付き高齢者向け住宅は、通常の老人ホームといったい、どのような違いがあるのでしょうか？

法的な違いはたしかに存在します。老人ホームの監督官庁は厚生労働省、サービス付き高齢者向け住宅の監督官庁は国土交通省となっています。老人ホームが入居金に基づく終身入居契約であるのに対し、サービス付き高齢者向け住宅は建物賃貸借契約になります。さらに、サービス付き高齢者向け住宅は、高額な入居一時金はなく、代わりに敷金が存在します。

しかし、これらの違いは、高齢者が入居を検討する場合には、それほど重要な検討項目ではありません。

読者の皆さんがホテルを予約する時に、どのような情報を確認して決定するのでしょうか？　多くの読者の方は、そのホテルの監督官庁を確認することはないと思います。さらに、ホテルの宿泊約款を確認し、その内容次第でホテルを決定するという方は、かなり少数派ではないかと思います。私も仕事柄、地方に出張するケースは多々ありますが、宿泊施設の決定において宿泊約款を確認したことは1回もありません。もちろん、大きなトラブルになったこともありません。私が宿泊先を決定するプロセスは、主に、立地、料金、部屋の広さ、付帯設備、そして食事の質で検討していきます。もちろん、ホテルや旅館の場合は、何度も宿泊を経験している関係で、口コミ情報も必ず確認し、写真や動画や映像も確認します。

ちなみに私の口コミ情報の利用方法は次の通りです。基本的に情緒的な口コミは一切無視し、客観的な部分だけを参考にしています。ホテルスタッフの態度が悪いとか、笑顔が多いとか、サービスの質が高いとか、部屋が汚いとかという情緒的な部分は、一切あてにはしません。なぜなら、これはその人がそう思った、感じたことであり、きわめて個別性が強いことだからです。もちろん、レビューを書いた人のことを私がよく知っているのであれば、その人の性質やものの考え方を考慮し、発言を参考にすることはできると思います。どこの誰だか知らない人であるなら信用に足る根拠がない、ということになります。

客観的な部分は大いに参考にしています。コンセントがベッド周りに無いとか、ベッドの大きさが○メートルだとか、○○メーカーのドライヤーが装備されているとか、エレベーターが1機しかないので朝食時には混み合うとか。そういう情報は発信者の個別性は排除できているので、大いに参考にさせていただいています。

私がこう考えた理由は、多くの出張時のホテル宿泊で口コミサイトを利用し、それ信じた結果、「まったく違うじゃん」「嘘だった」という経験があるからにほかなりません。人の話、特に知らない人の話ほど、あてにはならないものだと経験しているからです。

繰り返しになりますが、老人ホームの口コミの効用について、私の見解を言いましょう。まったく役には立ちません。

サービス付き高齢者向け住宅の役割を考える

サービス付き高齢者向け住宅の本当の役割とは、いったい何なのでしょうか？

私が考えているサービス付き高齢者向け住宅の本当の役割は、「住宅すごろく」の最後の住宅だということです。多くの場合、「住宅すごろく」の最後の形は、一戸建て住宅だと思います。しかし、現在、空き家が８００万戸とか、９戸に１戸が空き家だとか言われ、住宅は余っています。特に、最近、不動産会社の方に聞いた話では、ターミナル駅の近くでマンションを分譲すると、郊外の一戸建て住宅から移り住んでくる高齢者が目立つ、といいます。

つまり、「住宅すごろく」が、ワンルームマンション→所帯を持ったので２ＤＫマンション→子供が生まれたので３ＬＤＫマンション→生活が落ち着いてきたので郊外に一戸建て住宅→子供たちが独立したので便の良いところの分譲マンション、という流れになっているのです。しかし私は、この「住宅すごろく」には、まだ先が存在すると考えています。つまり、夫婦のどちらかがこの世の中からいなくなった場合は「サービス付き高齢者向け住宅」へ移転することが「住宅すごろく」の「あがり」だと。

しかし、現在のサービス付き高齢者向け住宅は、住宅としての機能はほとんどなく、介護施設の代用品、特養の待機場所としての機能が強く打ち出されているのが現状です。

サービス付き高齢者向け住宅のサービスとは、介護サービスに非《あら》ず

サービス付き高齢者向け住宅というと、介護サービスが付いている住宅だと思い込んでいる方も多くいると思います。しかし、サービス付き高齢者向け住宅の「サービス」とは、介護サービスのことではありません。少なくとも私はそう考えています。

しかし、多くのサービス付き高齢者向け住宅は、介護サービスが付帯しています。というよりも、介護サービスを「売り」にしています。理由は明白です。自立の高齢者よりも要介護状態にある高齢者のほうが入居への誘導がたやすく、上手《うま》くやれば儲

かるからです。

何も不自由を感じていない高齢者をサービス付き高齢者向け住宅へ誘導するには、自宅で暮らしていることと、どこがどのように違うのかを説明し、納得してもらわなければなりません。要介護状態の高齢者の場合、自宅に住むこと自体が難しいので、入居動機は十分に整っています。あとは、その人を受け入れるための介護体制を整える、というサービス付き高齢者向け住宅側の事情だけで、解決することができます。

さらに、介護支援サービスを提供することで介護保険報酬を得ることができるので、家賃収入以外の売上も期待することができます。

前述のように、特養や介護付き有料老人ホームは総量規制があり、自由に建てることはできません。その点、住宅型有料老人ホームとサービス付き高齢者向け住宅は規制が無く、自由に建てることができます。さらに、住宅型有料老人ホームと比べた場合、サービス付き高齢者向け住宅を建てる場合は、国から建主に対し建設費の10％程度の補助金が支給されます。ハウスメーカーやゼネコンは、「サービス付き高齢者向け住宅は土地の有効利用をする絶好のチャンスです」という営業を組織的に行ない、大きな成果を上げることに成功しました。こうして、単なる高齢者向けの賃貸マンションのはずのサービス付き高齢者向け住宅が介護施設の代替品として世の中に広まっていきました。

では、サービス付き高齢者向け住宅の「サービス」とは何なのか

この場合のサービスとは、どのようなことを言うのでしょうか？　それは、高齢者にとって便利なサービスのことなのです。もちろん、高齢者にとって便利なサービスの中には介護サービスも含まれますが、「介護サービスありき」ではないことに注意が必要です。

今まで、特別養護老人ホーム、介護付き有料老人ホーム、住宅型有料老人ホーム、と3つのカテゴリーについて説明をしてきました。おそらくこの3つのカテゴリーの違いについて「よくわからない」「どこが違うのだろう」という疑問が湧いているのではないでしょうか？

介護サービスとは、きわめて複雑な制度になっています。私のような介護関係で仕

事をしている者であっても、介護サービスのすべてを理解しているわけではありません。ましてや普段介護サービスとは無縁な生活をしている方々にとっては、まったくわからなくても仕方ありません。

さらに「サービス付き高齢者向け住宅」という新しいカテゴリーが生まれ、現場や入居者は大いに混乱している、というのが現状です。

介護より、より身近な医療について考えてみましょう。どのような人でも、1年に1回ぐらいは何らかの理由で医療機関を受診すると思います。私は、医療制度は介護制度よりもさらに複雑な制度だと思っています。医師や看護師といった医療従事者の配置人数も決まっているし、その方々の個人の資格の有無《うむ》によって算定できる保険単位（つまりは売上）にも違いがあります。

つまり、細かく見ていくと、同じ病気で受診しても医療機関の能力によって算定できる保険点数が多少違うので、支払い料金も当然違う、ということになります。同じ病気であっても、医師の判断も違えば、完治させるアプローチも違うので、その観点からも料金は違うわけです。

しかし、それで私たちは、何か困ったことはあるでしょうか。病気になった場合、A病院ではなくB病院のほうが、看護師の配置数が少ないので単価が少し安い。だからB病院に受診しよう、などと考えて病院選びをしているでしょうか？　そうではないはずです。少なくとも私は、医療制度には精通していませんし、精通していなくても今まで困ったことはありません。私が病院を選ぶ方法は、その病気の状態によって「家から近い」「人気がある」「いつも混んでいる」「先生の腕が良い」などという条件からです。風邪《かぜ》などの軽い病気であればどこの病院に行っても同じなので利便性で選び、深刻な病気であれば専門医がいる病院を選びます。少なくとも、その時に医療機関の「制度」を勉強することはありません。

老人ホーム選びも同じではないでしょうか。介護保険制度を理解するよりも、「自宅から近い」「行きやすい」とか「人気がある」「介護職員の質が高い」というような点から選ぶはずです。もちろん、医療機関のスポットの受診と違い、ホームには長期的に滞在するので、一番重要なのは月額の利用料であることは言うまでもありません。

老人ホーム選びには制度の熟知は不要であり、そこで提供されるサービスの質や起きている現象から、老人ホームの質を把握することが大切です。そして、そのサービスが自分に本当に合っているかを見極める目を持つことが、重要なのです。

今こそ、真のサービス付き高齢者向け住宅を普及させなければ

サービス付き高齢者向け住宅の制度の中で、私が一番注目していることは何か？それは、生活相談員を常駐させなければならないことです。

ここがサービス付き高齢者向け住宅の肝《きも》だと、私は思っています。多くのサービス付き高齢者向け住宅が上手くいっていない最大の理由は、この生活相談員業務を軽視していることだと私は考えています。配置しなければならない生活相談員は資格も不要です。したがって、多くのサービス付き高齢者向け住宅では、生活相談員と称したコストの安いパートタイマーで対応し、「いるだけでよい」「配置基準をクリアしているだけでよい」というような配置で、入居している高齢者の役に立たない生活相談員に成り下がっています。

サービス付き高齢者向け住宅とは、高齢者の役に立つサービスを提供できる住宅です。そのためには、どのような生活相談員を配置しなければならないのか？　真剣に考えれば、すぐに思いつきます。一人暮らしの高齢者にとって、何が一番不安なのでしょうか？　その不安を解消、解決することができれば、サービス付き高齢者向け住宅の存在価値は自動的に高まっていきます。

一人暮らしの高齢者にとって一番役に立つサービスとは、生活していくことで生じる不安や心配事に対し、適切な助言をしてくれる支援者がいることです。そして、この支援者こそが生活相談員なのです。したがって、サービス付き高齢者向け住宅に配されるる生活相談員は、コストではなく資産という位置づけで考えなくてはなりません。コストと考えると経費削減という気持ちに、資産と考えれば投資という気持ちになります。

私は、生活相談員は、社会福祉士などの有資格者であり、さらに、医療、介護、金融、法律、税務などの知識を有する者であるべきだと考えています。つまり、サービス付き高齢者向け住宅の生活相談員は、資格制度にするべきではないでしょうか。

その他の居住系高齢者施設（グループホームや小規模多機能型居宅介護）

居住系介護用施設には、今まで説明したものの他に、グループホームというものがあります。グループホームは認知症高齢者の専門施設です。老人ホームと比べた場合、専門的に見ればいくつかの違いはありますが、入居者側の立場で考えた場合、老人ホームに入居した場合と大差はない、という理解でよいと思います。

グループホームの場合、建前上は共同生活が可能な認知症高齢者ということになっていますが、実際には看取《みと》りまで対応しているグループホームがほとんどです。とてものこと共同生活ができるような入居者ばかりではありません。

ちなみに、「共同生活」とは、掃除や洗濯、食事づくりなどの一連の生活に必要な家事全般を、職員と入居者とで協力して行なっているさまを言います。つまり、寝たきりやターミナル期の高齢者は、グループホームでの生活は困難であるということです。

しかし実際は、そうなっていないのが介護施設の現状であり、グループホームもまた同じです。それ以外のことは有料老人ホームと変わらないと言っても過言ではありません。しいて言うなら、有料老人ホームと比べて居室の面積が狭く、規模も小さく、アットホーム感が溢《あふ》れているところが、「違い」と言えば違いです。

有料老人ホームをホテルにたとえるなら、グループホームは民宿や旅館だと考えればよいと思います。

この他に、比較的最近始まった新しいサービスとして、小規模多機能型居宅というものがあります。

老人ホームの話をする上で、最近ではこの小規模多機能型居宅サービスに触れなければならなくなりました。小規模多機能型居宅サービスとは、訪問介護と通所介護とショートステイの3つの介護保険サービスを一つの事業所で提供するサービスです。

つまり、要介護の高齢者に対し、特定の事業所が自宅を訪問して介護支援サービスを提供し、週数回程度はその人が同じ事業所の通所介護事業所に通い、家族がどうしても外出などの理由で家を長期的に留守にする場合は、これまた同じ事業所のショートステイを利用することができるという、非常に便利なサービスのことを言います。

ところで、どうしてこのサービスが、老人ホームの話の中で必要になってくるのでしょうか？　それは、国の地域包括ケアシステムを推《お》し進めるツールとして小規模多機能型居宅サービスは、効果的な機能を持つからです。

「いつまでも在宅で」とか「病院で死なない」とか「自宅で死ぬ」というようなキーワードを読者の皆さんも聞いたことがあると思います。高齢者が重度化した場合であっても、先進的な医療処置を擁《よう》しない場合は、このような小規模多機能型居宅サービスを活用して自宅での生活を継続していきましょう、ということなのです。

さらに最近は、小規模多機能型居宅サービスに、サービス付き高齢者向け住宅や老人ホーム、グループホームなどを併設し活用されているケースが多くなってきています。特に、サービス付き高齢者向け住宅や老人ホームが併設されている場合、その入居者に対し、訪問介護サービス、通所介護サービスを提供し、さらに、病中病後時には自分の居室ではなく、小規模多機能型居宅サービスのショートステイ室に数日間滞在するという形が目立ちます。結果として同じ建物内で包括的な介護保険サービスを提供できる「疑似介護付き有料老人ホーム」として運用されているケースも目立ってきました。

居住系介護施設が、わかりにくく、似《に》て非《ひ》なるものがいくつも出てきているということがおわかりになったでしょう。この違いを理解し、それらの施設を効果的に利用するためには、各施設の仕組みや事情の理解が必要になります。さらに、介護には「流派」が存在し、その「流派」に自身の価値観が合っているかどうかに着目したほうが上手くいくということです。

読者の皆さんが入居するサービス付き高齢者向け住宅や住宅型有料老人ホームも、小規模多機能型居宅サービスの併設住宅であるケースが増えてくるはずです。多くの選択肢を効果的に活用するには、個々の選択肢の個別の事情や仕組みを理解し、その上で正しい選択をするようにしてほしいと思っています。

〔高齢者向け介護施設・住宅の種類〕

公的施設

老人福祉施設等

① 特別養護老人ホーム

対象：要介護認定３以上
入居期限：なし
費用：月10〜15万円ほど（個室と多床室で違う）

② 介護老人保健施設

対象：要介護認定をもっている方
入居期限：約３カ月〜６カ月
費用：月10〜15万円ほど（個室と多床室で違う）

③ 介護療養型医療施設

認知症高齢者グループホーム

民間

有料老人ホーム

① 介護付き有料老人ホーム
② 住宅型有料老人ホーム

サービス付き高齢者向け住宅

「高齢者専用賃貸住宅（高専賃）」という名称であったが、平成23年10月20日から上記に名称変更。サ高住・サ付とも

〔２種類の有料老人ホーム〕

	介護付き有料老人ホーム	住宅型有料老人ホーム
介護方式	包括式介護方式 24時間必要な介護を継続して受けることが可能	出来高払い式介護方式 自身の予算と必要性に応じて介護を受けることが可能
提供される介護サービス	ケアプランに基づく	ケアプランに基づく
入居金または入居一時金	事業者により自由に設定	事業者により自由に設定
入居中の費用	ホテルコスト（家賃・食費等）	ホテルコスト、生活サポート費
直接処遇職員の人員配置	３：１以上の配置	特になし
要介護区分限度額	設定あり。ただし、入居と同時に全額強制利用	設定あり。自分に必要なサービスを区分限度額の中で自由に決定
生活の自由度	自由度は低く、共同生活が主体	自由度が高い個人生活が主体
安心度	安心度は高い	安心度は低い

第4章

介護保険事業の本質を知ろう

いつまで経《た》っても〝入居ミスマッチ〟が減らない理由とは

いつまで経っても入居ミスマッチは減っていません。むしろ、私の肌感覚では年々増えてきているような気がします。老人ホームに入居をしている高齢者の絶対数が増えているので、確率論から考えれば増えているのは当然のことと言えるのですが、長年、老人ホームの事業に携《たずさ》わってきた身としては、少なからず自身の無力さを感じています。

なぜ老人ホームのミスマッチは減らないのでしょうか？　その答えは、正しい情報がないことと、正しい老人ホームの事実を知らない方が多すぎることによると、私は見ています。この2つの問題に焦点を絞り、考えていきます。

老人ホームに関する正しい情報を、読者の皆さんはどのように入手しているでしょうか？

老人ホームに関する情報入手の方法は、①友人知人の老人ホームに関する経験談、体験談を聞く　②行政など公《おおやけ》の機関から情報を入手する　③雑誌や本で情報を収集

する　④セミナーや勉強会に参加する　⑤介護関係者や医療関係者から情報を入手する、ということになるでしょう。そして多くの方は、自分には老人ホームは無縁であるという意識があると思います。つまり、他人事《ひとごと》ということです。

私は仕事柄「良い老人ホームを紹介してほしい」とか「失敗しない老人ホームの選び方を教えてほしい」というリクエストを多くいただきますが、いつも質問者に対し、こう答えています。「失敗しない老人ホームの選び方をレクチャーするには、おおむね1年間の学習時間（毎週1回3時間程度）が必要になりますが、その時間の捻《ねん》出《しゅつ》はできますか」。多くの方はこの時点で「NO」です。これができなければ、老人ホームの詳細をレクチャーすることは不可能なので、老人ホームの選び方をマスターして「得」をしようという気持ちは捨ててください。

その代わり、世の中には、私の会社もそうですが、あなたと一緒に老人ホームを選んでくれる老人ホーム選びの助言会社（一般的には老人ホーム紹介センターという）の相談員がいます。わが社では「ホームを選ぶのではなく、その相談員を選んでください」と教えます。ちなみに、相談員の選び方は、あなたと同じ感性や価値観を持っているかどうか、相談員の言っていることに納得感があるかどうか、です。自分の気持ちに正直になり、「この人は自分と同じ人種だ」と感じる相談員を選ぶことが重要です。

私が勤務している「みんかい」の場合、業界最多数の相談員を揃え、何回でも相談員を替えて相談を繰り返し行なうことができるシステムになっています。相談内容に違和感を持ったら、相談員を替えることを当社の相談者には推奨しています。この一連の業務の中で、「この相談員は信頼できる」とか「自分と同じ感性がある」という確信が持てた場合、信頼できる相談員と出会えた場合、「その相談員が勧める老人ホームに黙って入居を決めてください」と伝えています。

つまり、老人ホームのことを正しく理解できない人は、自分の分身でもある相談員を見つけ、その相談員が真剣に勧めてくれるホームに何も考えずに素直に入居することが、失敗を軽減する唯一の方法論だと、私は確信しています。ちょっと聞きかじり、知ったつもりになって、自分で判断するという行為は、最悪の結果を導き出します。

老人ホームを選ぶためには、知識と経験が必要だということを、理解してほしいと思います。

友人・知人の老人ホームに関する経験談、体験談を聞くという悲劇

最近では、多くの方が有料老人ホームに入居しているので、誰しも周囲を見渡すと「老人ホームに入居している人」に出くわします。親戚が入居しているとか、親戚の親戚が入居しているとか、会社の同僚や上司の親が入居しているとか、同じ町内会の○○さんが入居しているとか、その例はさまざまです。

それらの方々から経験談や体験談を聞いて、それを鵜呑《うの》みにしている方のなんと多いことか。よくあるパターンは以下のような話です。「うちのおばあちゃんが入居している○○ホームなんだけど。ご飯がまずくて食べられたものではないのよ」「介護職員がだらしなくてナースコールを押してもなかなか部屋に来てくれないの」「ホーム長がコロコロ替わって困っているのよ」など、挙げていけばきりがありません。

もちろん、この情報は正しい場合がほとんどです。しかし、この手の情報はあなた

のホーム入居には、おおむね役には立ちません。この情報を聞いて、あなたは、○○ホームはダメなホームなんだという評価をするはずですが、その評価自体、実は間違っていると、私は考えています。

私は仕事柄、多くの有料老人ホームへ入居した高齢者か、その家族の話を聞いています。さらに、多くの有料老人ホームの職員とも話をしています。その中で一番強く感じていることは、入居者に一番人気があるホームが悪口も一番多いという事実です。つまり、有料老人ホームの評価とは、きわめて個別性が高く、その時に抱えている個人の事情により評価は大きく変わる、ということです。私の介護職員、施設長としての経験から申し上げると、入居者のホームに対する評価は、猫の目のように日々変わり一定はしない、ということなのです。

具体的な例で説明をしていきましょう。食事の美味《おい》しい、不味《まず》いは、人それぞれです。味自体の問題もさることながら、その時の気分や体調によっても大きく違ってきます。さらに、正しい判定をするのであれば、毎月の食費にかかる費用を知らなければなりません。多くの有料老人ホームの月額の食費は、5万円から6万円が多いのですが、中には3万円台のホームも7万円以上するホームもあります。月額3万円台のホームの食事と7万円以上するホームの食事を比べても、何の意味もありません。重要なことは、この金額ならこのクオリティーである、という理解と評価です。

私の知っている費用の安い老人ホームでは、おかずにサバやイワシの缶詰めを温めるだけで出していますが、誰も食事が不味いなどと文句は出ないそうです。自身が負担している金額相応の食事だからです。

さらに、給食業者がどこの会社なのか？　ということを気にする相談者もいますが、これもまったく無意味な心配です。多くの有料老人ホームの場合、食事は専門の給食事業者に委託しているケースが、まだまだ多いはずです。当然、給食事業者も大手有名企業から零細企業まで多種多様にありますが、会社の名前や規模で美味しい、不味いはまったくありません。

よく実態を知らない介護職員が○○会社は不味いとか、○×会社は美味しいとかと評論をしていますが、これもまったく当てになりません。自身が経験したごく一部のことをすべてだと勘違いして美味いとか不味いとか言っているにすぎません。食事が美味しいか不味いかは、会社の規模や知名度ではなく、実際にそこで作っている調理人の能力や意識の高さだけで決まります。意識が高く能力の質が高い調理人は、同じ食材を使っても、ひと手間かけて作ってくれるので美味しいものができ上がります。温かいものは温かく、冷たいものは冷たく、そして食事をする相手の好みや嗜好をおもんぱかって食事を作るので、当然美味しくでき上がるのです。つまり、人次第であり、この人が替われば、味も変わるということになってしまうのです。

つまり、老人ホームの全体像を理解せず、たまたまその時の出来事を自分の感情だけで評価するということが、素人評価の怖いところです。

さらに、老人ホームの提供しているサービスの場合、ある人には必要なサービスであっても他の人には不要なサービスになることも多々あります。入居者の身体の状態や家族の立場などにより、多くの老人ホームに求められていることは、個別の事情にどう対処するかということです。したがって、親戚のおじいちゃんにとってはダメなホームだとしても、あなたのお父さんにとっては最高のホームになることは、そう珍しいことではないのです。

ホームの食事は、ワタミの介護の出現により向上した

有料老人ホーム業界の食事に影響を与えた、「ワタミの介護」について触れておきたいと思います。

「ワタミの介護は有料老人ホームの食事の品質向上に貢献したホームである」。これが私の評価です。それまでの老人ホームの食事は、おおむね酷《ひど》いものでした。私の勤務していた有料老人ホームでも、入居者やその家族から食事に対するクレームが来ない日はありませんでした。そのくらい、お粗末だったと自覚しています。

リスク管理という立場から「刺身は出さない」「餅も出さない」は当たり前でした。大勢で同時に食事をしなければならない事情から「麺類は出さない」も、当然でした。同じものを同じ企画で大量に提供しなければならないために冷凍食品を多用し、水分が飛んでパサパサだったり、逆にぐじゃぐじゃだったりと、品質が一定していませんでした。

「お願いだから、まともな食事を出してほしい」と、真剣に懇願されたこともありました。しかし、当時多くの有料老人ホームでは、すべて「仕方がないこと」だという

認識でした。給食事業者に改善を申し入れても「対応します」というだけで、実際には何も改善しませんでした。心ある介護職員らは、自分たちではどうにもすることができない食事環境を少しでも改善したいと考え、「外食レク」を計画し、介護職員同士をやり繰りして入居者をホーム外の食事に連れ出すという奇策で対応していたものです。

その中で、ワタミの介護が本業の外食事業者の立場で参入したことで、飛躍的に食事の質が上がりました。食事の質が上がると、それにひきずられるように食事環境の質も上がります。それまで、プラスチック製だった器《うつわ》が陶器製に代わり、暖色系が多かった器が黒色系で高級感があるものに代わり、トレーの代わりにマットと箸置きがつくようになりました。有機野菜、無農薬野菜、黒毛和牛、天然マグロなど、今では普通になっている食事も、ワタミの介護の出現によるものだと、私は思っています。

行政など公《おおやけ》の機関から情報を入手するという悲劇

多くの読者の皆さんは、行政などから発信される情報は正しいに違いない、と考えていると思います。私も、行政など公的な機関、組織から発信される情報は正しいと考えています。しかし、私はまた、公的機関から発信される情報は「現実的ではない」「実務には役に立たない」「新鮮味が無い」とも考えています。

理由は明白です。公的機関が発信する情報は、常に正しく、根拠がある情報でなければなりません。そのためには、有料老人ホーム側から一連の申請行為などを通して自己申告のあった事実や、自身で現場に出向いて入手した事実でなければ、発信することはできません。「なんとなく○○ホームはおかしい」などとは、絶対に言えない立場なのです。

したがって、行政から発信される多くの情報は、われわれ専門家が入手している情報と比べると、かなり古い情報にならざるをえないのです。さらに、これも当然ですが、公的機関が発信する情報には、個人的な見解や好き嫌いは一切入っていません。

有料老人ホームのことを知らない方からすると、一番欲しい情報とは、老人ホームをどのように見れば、ホームの良《よ》し悪《あ》しがわかるのか、というものです。そのためには、「最近の○○ホームは、経費削減で介護職員の数が減ったので外出レクリエーションが無くなった」とか「○×ホームは理学療法士が常駐しているのでリハビリの評判が高い」といった話を聞くことが重要です。当然、介護職員が少ないホームはアクティビティも消極的になり、理学療法士が常駐しているホームはリハビリも充実している、ということになります。そこで働いている職員の数や質で、ホームのサービスの質もある程度決まっていくのだということを、理解しなければなりません。そして、自身の事情を解決するためには、どこのホームが一番向いているのかを理解することが、重要なのです。

客観的で間違っていない情報は、論文作成には役に立つと思いますが、老人ホームに入居を考えている高齢者やその家族にとっては、役に立たない場合が多いのです。老人ホームのことを理解しようとする場合は、必ずしも客観的な情報が役に立つのではない、ということを知ってほしいと思います。

雑誌やテレビ、インターネットで情報を収集する悲劇

最近、有料老人ホーム関連の雑誌やテレビ番組が増えています。それだけ、興味の

ある方々が増えてきている証拠です。大前提として理解しておかなければならないことは、雑誌は売れなければならないし、テレビは視聴率がすべてだということです。

したがって、売れるように編集したり、視聴率が取れるように構成を考えます。特に雑誌やテレビは、短期決戦なのでインパクトが肝心です。多少間違っていても、そう解釈することもできるという判断で、誇張して表現することも少なくありません。

最近はそれほどでもありませんが、以前は私の勤務先にも雑誌を握りしめ「この雑誌に記載されている有料老人ホームのことを詳しく教えてほしい」という相談者が、かなり来ました。そのような相談者の多くは、詳しくホームの説明を受け、さらに他のホームとの比較を説明され、ホームの見学を完了するころには、それまで握りしめていた雑誌を放り投げて他のホームへの入居を検討し始めるパターンがほとんどです。それくらい、雑誌の情報は当てにならないし、リアルな世界を知ってしまうと、一気に色あせてしまうものなのです。

雑誌やテレビ、インターネットなどは、その活用方法さえ間違えなければ、非常に効果的な情報ツールです。しかし、活用する側の人に、一定レベルの知識や経験が無いと誤解や勘違いが生まれ、結果として不幸になってしまいます。なぜなら、雑誌やテレビ、インターネットもすべて、実態を網羅しているわけではなく、一部分を切り取っているだけなので、切り取る方法によっては、薬にも毒にもなってしまうからです。

多くの方は、過去に有料老人ホームに入居した経験は無いはずです。ここで私が言う「経験」とは、ホーム探しから入居の手続き、入居生活から退去までの一連の行動のことです。もちろん、入居者としてだけではなく、その家族としての経験も重要です。もっとも、多くの入居者にとって退去とはイコール死去なので、退去までの一連の経験を生きて経験をしている人は少ないと思いますが……。

この体験が、実は重要なのです。この経験がある人は、雑誌やテレビ、インターネットなどから入手する情報に対し、「この情報はよくある話だが、それほど気にしなくてもよい情報だ」という判断ができ、自身で正しい評価が下せるからです。

仕事を進める上で必要な情報を集めていると、自分にとって都合の良い情報ばかりを求めている自分にハッと気がつきます。そんな時、人は、他の人に見解を聞いたり、考えを聞いたりするのですが、心のどこかで、自分と違う見解や考え方の場合、「この人はわかっていないな」と勝手に評価し、自分の見解や考えを正当化しようとしてしまいます。自分の経験を通じて正しいことを得るのは重要なことですが、自分と違う考えを冷静に受け入れることも大切です。

有料老人ホームに関するメディア情報は、この冷静な判断を阻害する恐れがあります。自分と同じ見解が雑誌に載っていた場合、それが正しいことを確認しようとネットでキーワード検索をすると、自分と同じ意見がたくさん出てきます。「これほど同じ考え方の人が多いということは、きっとこの考え方は正しいはずだ」と思ってしまいます。

ネット検索などで○○ホームと検索し、口コミ情報で○○ホームの悪口が出てきた場合「多くの人たちが悪く言っているのだから○○ホームは悪いホームに違いない」と考えないでほしいのです。

セミナーや勉強会に参加する悲劇

「有料老人ホームの選び方」「失敗しない有料老人ホーム選び」などの勉強会やセミナーは、町に溢れています。かく言う私も、かつては、この手のセミナーや勉強会の講師を多く引き受けていました。セミナーや勉強会に入居希望者やその家族が参加すること自体、悪いことではありません。大いに参加し、知識を増やすべきです。ここではセミナーや勉強会への参加時の心得について、話を進めていきましょう。

講師は、自分の経験から得た価値観を持っています。そして、その価値観を無意識のうちに、皆さんに押しつけているのです。話をしながら、自分が描いたストーリーに参加者を導き、最終的には、自分の考えに同意させてセミナーや勉強会が終わります。つまり講師は、自分の考え方や見方が正しいということを参加者全員に押しつけるのが仕事、というわけです。

皆さんは、有料老人ホームのことは素人《しろうと》なので何もわからない、というスタンスで講師の話を聞くと思いますが、次のようなことを考えて講師の話を聞くようにしてください。

「たしかに有料老人ホームのことは、自分は素人だからわからない。しかし、介護とは、人が生きていくことを支えるだけの仕事だ。今でこそ核家族化が進み、専門家に委託している部分が多いが、少し前までは家族の中で解決してきたこと。けっして専門知識が無いからといって、わからないということではない。今まで自分が生きてきたその経験や体験からでも、十分に介護のことを考えることができるはず。この講師の話を聞いて、自分の考えを整理し、何をしなければならないのかを冷静に考えてみよう」

セミナー講師の話を聞き、自分の考え方と照らし合わせて、最終的には自分の考え方を確立すること。この一連の作業ができれば、セミナーや勉強会は効果的なものになります。

多くのセミナーや勉強会の場合、老人ホームの制度の説明に多くの時間が割《さ》かれています。しかし、本書を読み進めている読者の方はすでにお気づきだと思いますが、制度を細かく理解していても、入居実務にはほとんど役には立ちません。それなのに、多くのセミナーや勉強会で、制度の説明に多くの時間を割くのは、聞き手にとって、なんとなく有料老人ホームのことを理解したつもりになれることと、勉強不足のセミナー講師らにとっては、制度の説明はきわめて楽な話だからにほかなりません。

有料老人ホームで生活をしていくためには、①どのような姿勢でホーム生活を送るのか、②予期せぬ事態になった場合、どう決断をするのか、そして③日常の生活を維持するには、どのくらいの費用がかかるのか。この3つの視点で自身や家族の生き方を考えていくことを忘れないでください。

介護関係者や医療関係者から情報を入手する悲劇

介護の専門家、医療の専門家からのアドバイスが、実は一番厄介《やっかい》です。私は介護医療業界の専門家の中で、有料老人ホームに精通している人に出会ったためしがありません。世間からはよく介護業界には専門家がいるのでは？　という声が聞こえてきますが、有料老人ホームの専門家はいないのが実情です。介護評論家的な人は、大学の先生などを中心に多少は存在していますが、有料老人ホーム評論家には出会ったことは無いはずです。たまに、老人ホーム入居コンサルタントやアドバイザーと称する人を見かけますが、私の受ける印象は？？？というところです。

たとえば、介護の専門家として介護支援専門員（ケアマネジャー）という人たちがいます。国が定めた介護実務経験を有し、さらに資格試験に合格した人しか就《つ》くことができない専門職ですが、そのケアマネジャーの中にも、私が知る限り「有料老人ホーム」と「特別養護老人ホーム」「サービス付き高齢者向け住宅」の区別がつかない人が存在します。

さらに介護現場には、介護福祉士という国家資格を取得した介護職員が多く存在していますが、やはり、有料老人ホームのことを理解している介護福祉士を探すことは、意外と難しい作業になります。どちらの資格試験においても、有料老人ホームに関する問題が出ていないということも一因でしょう。一番の原因は、ケアマネジャーも介護福祉士も、かつて介護職員として修業していた場所に有料老人ホームが少ない、ということにあります。

多くの介護職員の修業の場所は、「訪問介護」であり「通所介護」であり「特養介護」である場合がほとんどです。そもそも、有料老人ホームというカテゴリーは、それほど歴史もなく、介護業界全体で考えた場合、急成長した未熟なカテゴリーです。まだまだマイナーな存在だと考えなければなりません。

さらに、訪問介護で育った介護職員の場合、どちらかというと老人ホームのような施設系介護には否定的な人が多くいます。なぜなら、多くの訪問介護事業者は、訪問介護員に対し、利用者が施設へ入居するようなことは介護の敗北である、という趣旨の教育をしているからです。「施設に入るなんてかわいそう」「なんとか自分たちが頑張っていつまでも自宅で生活ができるようにしなければ」という視点で仕事をさせられているのです。

人間は元来食わず嫌いというか、否定的なものには、正面から向き合おうという気になれません。有料老人ホームに対しても正しい情報を取りに行こうとはしません。自分の周囲から出てきた話を鵜呑《うの》みにするだけなので、その情報のレベルは皆さんと、さほど変わることはありません。したがって、有料老人ホームで育ったケアマネジャー以外は、正しい知識もなく、さらに否定的な分野に対する勉強もしないので、その結果、知らないということになるのです。

多くの介護保険サービスを手掛けている大手介護事業者の場合、組織的にはまず、在宅介護と施設介護に分かれます。そしてさらに、訪問介護、通所介護、老人ホーム、グループホームというように、サービスカテゴリー別に分かれていきます。

興味深いことは、介護職員の性質を考えた場合、訪問介護で育った介護職員は訪問介護が一番良いサービスだと考え、他のサービスには否定的です。したがって、会社の組織編成で、訪問介護部門から通所介護部門へ異動を命じた場合、多くの介護職員は激しく抵抗します。一般的な企業の場合、経理部の社員が総務部に異動命令を受けた場合それほど激しく抵抗することは少ないと思いますが、介護業界の場合、辞表提出にまで発展するケースが少なくありません。

余談ですが、最近の風潮では、複合型の介護サービスが増えてきている関係で、在宅介護と施設介護の境目が無くなり、介護職員にとっては仕事がやりにくくなっているケースも多くなってきています。

そのような状況下にある介護職員に対し、有料老人ホームのことを聞いたとしても、どれだけ正しい話が聞けるかは不明です。

お金で解決できるものに、重要なものはない

正しい情報がまったく取れていないということが入居ミスマッチの大きな原因の一つだと、私は理解しています。一時期多くの雑誌で有料老人ホームランキングなるものが流行《はや》りました。

私は、ホームランキングには、否定的な立場をとっています。ホームランキングに対し否定的な立場をとっている専門家の多くは、現場経験者でもあります。多くのホームランキングは、いわばホームスペックのランキングです。自動車にたとえるなら、排気量とか馬力とか最高速度などの比較です。

しかし、有料老人ホームが入居者の生活に影響力を与えている大部分は、ホーム長や介護職員といった人間の「質」のはずです。この人間の質を論じない限り、ホームランキングは無意味だということに、気がつかなければなりません。

私をはじめとするホームランキング無意味論者は、この事実を理解しています。だから「意味が無い」と言っているのです。老人ホームのことを自動車にたとえるなら、自家用車ではなく、バスやタクシーといった乗り合い自動車のイメージではない

でしょうか。そして、この場合、どのようなバスやタクシーに乗りたいかというと、スペックのよいバスやタクシーではなく、当然安全に運転してくれる腕のいい運転手が運転するものでしょう。つまり、自動車自身のことよりも、それを運転する運転手の「腕」のほうが重要だということです。

入居を検討している高齢者やその家族にとって、一番重要な選択肢は「料金」と「立地」です。当然、これに関する判断は、必ずしも介護の専門知識を必要とはしません。

次に重要な選択肢は、いったい何でしょうか？　多くの老人ホーム選びの初心者の場合、部屋の広さや食事の内容、付帯設備、提供されるサービスメニューなどに目がいきます。誰しも同じですが、部屋は狭いよりも広いほうがいいし、食事は厨房で資格のある調理人が作ってくれるほうが美味しいに決まっている。エアコンや洗面所、トイレが部屋にあるかどうかも、ないよりはあったほうがいいに決まっています。エレベーターだって、2階以上に部屋がある場合は、あったほうがいいはずです。

しかし、ここで少し立ち止まって考えてみてください。これらの選択肢の多くは、実は介護実務がわからなくても判断することができるものなのです。私の考えでは、介護実務がわからなくても、物事の良し悪しを判断することができる「もの」は、老人ホーム選びにおいては「重要ではないもの」だと考えています。そして、これらの「もの」は、間違いなく利用料金に比例しています。つまり、「お金」さえあれば、どうにでもなるもの、お金で解決することができるものなのです。

誰もが正しい老人ホームの真実を知らない

「有料老人ホームの真実」などと書くと、何かとんでもないことが書かれているのではと思う方もいるかもしれませんが、実はそんなことではありません。

世の中には、経済的な理由から、老人ホームを選ぶことができない人も多く存在します。つまり、毎月支払うことができる予算が少ないので「このホームしかない」という人たちです。選ぶことができないので、そのホームにするしかないのですが、私の経験では、意外と入居後に不満はなく、上手《うま》く過ごしているケースが多いと思います。もちろん、選べないので「あきらめている」と言うかもしれませんが、住めば都とも言いますので、選択肢がそれほど多くない方のほうが、結果オーライなのかもわかりません。

それではなぜ、選択肢の多い人よりも選択肢の少ない人のほうが、上手くいっているのでしょうか。私は、選択肢の多い人は正しく老人ホームを選ぶことができないのでは？　と考えています。情報が多く、有料老人ホームという選択肢も多く、さらに「帯に短し、襷《たすき》に長し」という具合で決定的な決め手がない場合、候補ホームは3つぐらいまでは絞れますが、それから1つに絞り込むことは難しい作業だと思います。そして、その絞り込みの過程で間違いを起こすということになるのです。

老人ホームが提供するサービスの中で一番重要なサービスは、介護支援サービスです。それは、介護職員から直接提供されるサービスです。このサービスが自分の求めているサービスなのかどうかが、入居者にとっては一番重要なのです。

介護保険制度を正しく知らずに、クレームは言うまい

介護職員の人手不足が深刻です。読者の皆さんも、マスコミの報道で十分に承知し

ているのではないでしょうか。そして、その人手不足を解消するための手段として、介護事業者はサービスの質を下げて職員に対する負荷《ふか》を減らし、結果として職員の退職動機を減らしています。

ある特養の話です。すべての特養で行なわれているとは思いませんが、これも現在の介護業界トレンドの一つです。

介護職員に辞められては困るので、激しいクレームを言ってきそうな家族や入居者の入居を意図的に止《と》めています。特別養護老人ホームに入居をするためには、入居判定委員会に掛けて判定をするという手続きが必要ですが、その時に「うるさい家族」「うるさい入居者」は排除されていきます。経営側に言わせると、入居者ニーズは多いので、職員ニーズを汲《く》み取らないと、そもそも入居者の受け入れすらままならない。したがって、職員に過大な負荷を与える入居者は排除しなければ経営がままならない、ということなのです。

現在の介護保険制度では、プラスαのサービスは介護報酬に含まれていません。医療報酬と同じで、介護報酬も提供される作業に対する報酬であり、情緒的な部分は報酬には含まれていません。わかりやすく言うと、排泄介助の行為に対する報酬は介護報酬の中に含まれているので、当然、適切な排泄介助という作業をしなければなりませんが、その時に、介護職員は対象者に対し「笑顔」である必要はなく、当然「笑顔」でいる義務もありません。これが介護保険報酬の「立て付け」だと、私は考えています。

もちろん、今の介護保険事業は自由競争が認められているので、利用者は介護保険事業者を自由に選ぶことができ、事業者は選ばれるために他社にはない付加価値を提供すべく努力をしています。その事業者の努力が介護保険業界のサービス品質の底上げに貢献していることも事実です。しかし、この過剰なサービス合戦ともいうべき現象がヒートアップした結果、介護職員が「こんな安い賃金でこき使われてはやってはいられない」と考え、業界から逃げ出しています。勘違いをしてはならないことは、介護職員は賃金が安いので逃げ出しているのではなく、賃金の割には、いろいろなことを強《し》いられて割に合わないと考えて逃げ出しているのです。

介護保険法報酬を踏まえ、介護職員の賃金は決まります。おおむね○○円ということは多くの事業者が算出し、多くの事業者で同じような賃金となります。それはいわば、国が定めた賃金と言っても過言ではありません。そして、その賃金に見合った仕事をすることを、介護職員は求められています。その一連の流れの中で、賃金と労働とのバランスを考え、介護職員に対してどこまで求めることができるのかを冷静に考え行動をしないと、永久に人手不足は解消することはできません。結果、サービスの継続も難しくなり、介護事業者が消滅してしまう可能性もあります。

人手不足があってはならないのが、介護業界

介護保険制度がどんな背景で成立したのかご存じですか。高齢社会を迎え、介護の必要な高齢者が増えてくるので、それに対応するために決まっているじゃないか、という声が聞こえてきます。

しかし、私はそうは思っていません。高齢社会になって医療の一歩手前の高齢者が増えたので介護保険制度が整備されたのではありません。

介護保険制度の整備の目的は、実はこうなのです。

バブル経済が崩壊し社会構造が大きく変化していく中、多くの企業で人が不要になり、職を失うことが決定的になった時に、この制度は整備されました。つまり、会社からオーバーフローしてしまった会社員の再就職先として新産業を創設しなければならなかったのです。その新産業として白羽の矢が立ったのが介護業界だと認識しています。

私が、現場で介護職員として働いていた時、毎月のように介護職員や施設長候補者という方々が入社してきましたが、その多くは、キャリアコンサルタントと称する転職事業者の紹介による再就職組でした。大手銀行や生保損保などの金融機関を早期退職した方、大手建設会社、誰もが知っている製造業の営業マン、工場や研究所で働いていた技術者など、本当に多種多様な方々が、介護職員や介護事業者の管理職として転職してきました。

それが、いつのころからか介護業界は人手不足という想定外のことが起こり、今日に至っているのです。つまり、失業者対策のために創造した介護業界が、人手不足に陥っているという、なんとも皮肉な状態になっているのです。

私見では、介護業界の人手不足はいずれ解消していきます。それは、外国人労働者が増えるからではありません。業界規模が適正な大きさに変化していくと考えるからです。もちろん、ＡＩやＩｏＴを活用して、今まで人手がかかっていた業務に対し人手が不要になっていくということもありますが、一番の理由は、面倒を見られる規模に収斂《しゅうれん》されていく、ということです。介護保険業界の規模が介護職員の数に合わせ小さくなり、その代わり介護保険を利用しない介護事業、つまりは、全額自己負担の介護サービス業界が大きくなると考えています。医療にたとえると、保険診療ではなく自由診療、ということになるのだと思います。

介護サービスは、いずれ先祖返りする

サービスから措置の時代へ逆戻り。

私は介護保険制度の今後をこう見ています。介護保険報酬（介護事業者に支払う労務費用）は、想定外に増加しています。当然、財源の過半は税金ですから、大方針としては報酬の削減ということになります。

では、報酬削減をするには、何をすればよいのでしょうか？　その答えは、介護保険制度を使わせないようにすることです。一つは、介護保険制度を使うであろう分母、つまり要介護状態の高齢者を減らすことです。そしてもう一つは、介護保険制度内でカバーできる介護サービス数を減らしていくことではないでしょうか。

または、その両方を実施しなければならないのかもしれません。分母を減らすということは、要介護状態の高齢者数を減らすということなので、「延命をしない」「看取りを積極的に行なう」「健康寿命を延ばすために食生活や運動をしっかり行なう」などの政策を進める必要があります。その中で私が注目していることは、寝たきり寿命の短期化への取り組みです。

死に対するプロセスの中で、寝たきりになることは避けられません。寝たきりになっても10年近く生きている人がいますが、この人たちの寝たきり寿命をどこまで短くしていくかについての政策が打ち出されるのでは、と考えています。

たとえば、医療において透析《とうせき》という治療方法があります。透析は止めてしまえば人は死んでしまいますが、継続していれば生きていくことができます。90歳の高齢者に透析は必要なのかどうか、考えなければならない時期にきているのだと思います。

介護保険制度の中で、できることには限界がある

前にも少し述べましたが、有料老人ホームの事業者が受け取る費用総額は、宿泊施設の利用料と食費、これと介護保険報酬の2階建てになっています。宿泊施設の利用料と食費はホテルコストと言いますが、これは全額入居者の自己負担になります。

つまり、事業者側が自由に決めていいと言われている料金です。介護保険報酬は、入居者の自己負担とは別に、国からの報酬を受けることができます。ホテルコストは自由に決めることはできますが、入居者の負担可能額を考えた場合、家賃相当額に数万円の施設管理費用を上乗せするあたりが限界です。食費は、おおむね利益を出すことはできません。

介護保険報酬は、国が規定した報酬なので、一定の利益が出るように設計されています。なぜなら、介護保険事業の多くには、人員配置規定、つまり、この事業をするには介護職員を○名配置することという強制規定があります。そして当然ですが、こ

の配置規定を実現することができるような介護報酬額になっているのです。

考えなければならないことは、この介護保険報酬の中には何が入っているのかということです。私の解釈では、介護保険報酬の中に含まれている報酬は、入居者に対する直接処遇職員の人件費のみ、だと思います。しかし、有料老人ホームの場合、直接処遇職員とは別に、ホーム長などの管理者、事務作業を担当する事務員、送迎などを担当する送迎員らが配置されています。

さらに、問題なのは、国が決めた人員配置では十分な介護支援サービスができないので、多くの有料老人ホームでは人員を国の基準よりも多く配置しています。ここが有料老人ホームが利益を出せない理由であり、サービスの受け方、あり方の根本的な問題なのです。

厳格に介護保険事業者として有料老人ホームを運用する場合、国の基準内ですべてを賄い、できる範囲のことだけをすれば事業者の課題、つまり必要な利益の捻出は解決します。しかし、入居者やその家族の満足度は得られず、クレームが出て、事業者は身を切る形でサービスを提供しているのが現状です。

身体介助と生活支援介助の2つのカテゴリーに入らないものは「やってはならない」というのが、介護保険制度の建前です。もっと言うと、訪問介護の場合、訪問介護員が利用者の部屋の掃除をする仕事がありますが、窓は外側から掃除をしてはならないことになっています。さらに、浴室の掃除をする場合、〝すのこ〟の裏側は掃除をしてはいけないことになっています。

今まで介護保険法の改正が幾度となく実施されていますが、その多くは、介護現場での問題点が修正されてきています。たとえば、訪問介護の場合、生活支援業務の一環として行ないますが、しかしこの建前を正直に運用している事業者の評価として、サービスが悪い会社というレッテルを貼られてしまいます。

介護保険制度下では、人の本質は問われない

介護保険制度は、配置されている介護職員の配置人数に対し、厳しく規定しています。さらに、加算報酬という基準を満たしている場合にのみ支払われる介護保険報酬の中には、介護職員の有資格者数に応じて報酬額を区別する制度もあります。

しかしながら、圧倒的に現在の介護保険制度下では、人の能力を問うような報酬体制にはなっていません。百歩譲って、有資格者でなければ介護サービスを提供できないという考えから、介護職員の質を求めていると言われれば、「そうかな？」という気になりますが、私はそうは思っていません。

よい介護職員の定義が明確ではないので、そもそも「よい介護職員」の定義自体を決めることができないのです。有資格者の場合、資格を持っていることで証明できることは、介護に必要な知識や教養が備わっているということです。そして、一定の現場経験を有している、ということになります。

しかし、介護は医療と違い、「治す」という概念がありません。「治す」という概念があれば、エビデンスの積み上げによる治療方法が確立され、確立された治療方法がスタンダードとして普及し、それを学ぶことで多くの患者の命を救うということになります。だから、医療の世界では、知識や教養は必要であり、それを否定する者はいないわけです。

介護には、ごく一部にリハビリという、医療と共有している領域がありますが、介護のリハビリはどちらかと言うと、治すではなく、今の状態を維持していく、これ以上悪くならないように注意していくという考えが主流です。したがって、そこに求められることは、治すための知識ではなく、リハビリ行為を継続させるための人間関係の構築や、やる気にさせる「やる気スイッチ」の開発ということになります。大げさなことを言えば、人間力があるかないかということであり、きわめて情緒的な能力を求められるのが介護なのです。

私は、介護業界に長く身を置いていますが、先生と言われる人から介護に関する勉強を教えてもらった経験はありません。私の介護の先生は、入居者であり、その家族であり、多くの先輩、上司、同僚の介護職員です。これらの人たちとのかかわりを通じて、自身の介護に対する価値観や考え方は固まり、それを実践していく中で、本当に正しいことなのかどうかの理解が深まりました。

考えてみればわかります。病気になった場合、寝言《ねごと》を言っている医師に治療を任せることはないでしょう。しかし、介護はそうではないと思います。だから、人の品質を資格で判断することができないのが介護であり、その結果、一定の品質を確立するには、人員配置数で解決する以外に方法はない、ということになるのです。ここが介護の難しいところではないでしょうか。

老人ホーム探しでは本人の希望は無視され、家族の都合が優先される

現在の老人ホームの活用方法を見ていると、多くの方が次のような時に入居を考え始めます。「限界が来たら入居を検討」「在宅復帰ができないことが判明したら入居を検討」です。

前者は、在宅で生活をしている高齢者が、徐々に精神的肉体的な衰えを迎え、家族がその対応に限界を感じた時、などです。同居している場合は、具体的な介護負担による介護者の限界、別居している場合は、近隣住民などからの苦情を受けて、ということです。かつて相談に来たご家族の場合、別居している父親が何度も地域を徘徊し、そのたびに警察に保護され、近隣から「火の始末が心配だ」と言われてホーム入居を決断したそうです。

後者は、病院から退院日が確定した時点で、身体が衰《おとろ》えて入院前と同じような生活ができないと診断され、老人ホームを探し始めます。けがや病気の治療のために長期間入院を余儀なくされ、始終ベッド上で過ごしたため、足の筋肉が衰えて歩けなくなるとか、認知症状が出現してしまった場合、自宅で今まで通りの生活を送ることができないなどの理由からです。

注意しなければならないことは、多くの人は「困った状態」にならないと老人ホームを探し始めない、ということです。そして、困った状態、つまり追い込まれている状態なので、当然、十分な協議をする時間もなく、本人の意思とは無関係なところで話が進みます。世話を焼く人の都合が最優先されるホーム選びが始まるのです。私のところにも、「来週退院が決まって病院を出なければならない。早く老人ホームを探して」という家族からの訴えが、未だに多く来ています。これが現実なのです。

老人ホーム探しが、このような現状で行なわれている以上、当然、本人の意思などは無視されます。この状態から離脱するには、事前の準備が重要だということは誰にでも理解できます。しかし、多くの皆さんは、それを実践することができません。

以前、多くの老人ホームが「早めの引っ越し」というテーマで、入居希望者に対し早期の入居検討を促《うなが》したことがあります。どうせ老人ホームに入居をするなら早めに検討し、早めに入居を決めたほうがよい、という促進策でした。しかし、現状は、多くのホームで空《から》振りに終わったと記憶しています。つまり、老人ホームへ入ろうとする切迫性が身の周りに起きないと検討する気になれない、ということなのです。

ホーム入居にしても、相続問題にしても事前に関係者で協議を行ない、対策を考えていくことが重要なのです。「そんなことは言われなくてもわかっている」ことでもあります。わかってはいるけど実際には面倒なので実践できない、ということなのです。失敗しない老人ホーム選びは、この面倒で実践できないことを実践しなければならないから大変なのです。

第5章

老人ホームで好かれる人、嫌われる人

老人ホームの入居者は、まさに十人十色　嫌なことも多いが、救われることも多い

老人ホームには、当然、向いている高齢者と、向いていない高齢者が存在します。

この章では、老人ホームで好かれる人と嫌われる人について、話を進めていきましょう。嫌われる？　というと不安になる方も多いと思いますが、ご安心ください。どのような老人ホームでも、皆さんに合った介護職員の一人ぐらいはいます。たとえ皆さんが人からどんなに嫌われていようとも、誠心誠意ひたむきに、献身的に尽くしてくれる介護職員は必ずいるのです。本書を隅から隅まで熟読すれば、老人ホームの正しい実態を理解することができるので、ご自身の対策を打つことができると思います。

「それを言ってはお終《しま》いよ」という話になってしまいますが、結局のところ、老人ホームで介護職員に嫌われる高齢者は、自宅にいても家族から嫌われ、グループにいてもグループから嫌われるということになるのです。

老人ホームの入居者の割合は、圧倒的に女性が多いのですが、近年では男性入居者も増えてきています。さらに、老人ホームで働く職員も圧倒的に女性が多く、男性も増えてきているとはいえ、管理職が中心で、まだまだ少数派であるのが現状です。そんな老人ホームの中で、どうしても介護職員から嫌われてしまう入居者が、どこのホームにも必ず数名存在します。これもまた現実なのだと、ご理解ください。

念のために申し上げておくと、たとえ介護職員から嫌われたとしても、意地悪をされたり虐《いじ》められたりすることは、まずありません。介護職員の多くは、心の優しい、お節介《せっかい》の好きな人種です。さらに、虐待防止や身体拘束禁止など、高齢者の尊厳について日々日常的な研修や教育を受けているので、万一不謹慎な介護職員がいたとしても、組織として早期に発見することができ、修正をしていくことが可能です。時折、ニュースで取り上げられる入居者に対する虐待などは、特別なケースだと考えたほうがよいと思います。

そうは言っても、介護職員とて生身の人間です。入居者からいわれなき中傷《ちゅうしょう》や暴言、暴力を加えられた場合は、頭にも来ます。それが認知症などの高齢者独特の疾患《しっかん》から来ているものだと十分に理解していたとしても、です。夜勤中、さまざまな予期せぬアクシデントが重なり、少ない介護職員らと必死に対応している時などに、認知症の入居者から「お腹がすいた」と訴えられたりすると、その声は耳には入っていますが、無視をしたことは私自身、何度もあります。優先順位を考えた場合、認知症高齢者の空腹に対する訴えよりも、急変した入居者の差し迫った状態への対応が優先される、ということになるからです。

不思議なぐらい、官庁や大手企業で中間管理職や上級管理職の職位にあった男性に多く見受けられる傾向があります。上から目線なのです。

現役を引退して20年以上経《た》っているのに気分は現役の管理職と変わらず、介護職員を自分の部下だと考え、平気で指示や命令を当たり前のように出して、介護職員から見事に嫌われてしまう入居者です。契約に基づき必要な費用を支払い、それに見合ったサービスを要求しているという理屈なので、それ自体を非難することはできません。

しかし、物には言いよう、伝えようというものがあります。頭ごなしに指示をするより、遠慮がちにお願いしたほうが、要求がスムーズに通り、さらに、サービスの提供におまけや付加価値が付くということも、人の社会では多々あることだと思います。老人ホームの入居者の中には、このあたりのことにまったく配慮が無い入居者もいれば、逆に抜群の配慮を見せて、自分の要求をスムーズかつ有利に進むようにしていく入居者も存在します。中には、介護職員を手なずけ、意のままにコントロールをしている世渡り上手な入居者も存在しています。

現在の入居者の世代では、まだまだ男尊女卑の教育を家庭や学校、職場で受けてきている男性も多く、どうしても、必要以上に高圧的になってしまいがちです。

そもそも、老人ホームに入居する多くのパターンは、家族が「気難しい高齢者の面倒を見るのが嫌だ」という動機も多くあります。老人ホームを探し、本人に入居を勧め、結果、入居をするというパターンが多いので、身勝手な性質の入居者の存在は、いわば「仕方がない」「日常の風景」と理解すべきなのかもしれません。

しかし、多くの入居者は、環境が変われば気分も変わり、家族の場合は、遠慮が無いので言いたいことを言ってしまう人でも、老人ホームは他人の集まりなので、分《ぶん》をわきまえるという現象が少なからず起きています。私も入居者の家族から「うちの母親は外面《づら》がいいから、皆さんには耳触《みみざわ》りのいいことしか言わないみたいだけど、本当は悪態がすごいのよ」という愚痴をよく聞いたものです。

そこで、かつて私が働いていた老人ホームにおいて、ほぼ全職員から嫌われていたAさんのケースについて話を進めながら、見ていきましょう。

気難しい入居者に対し、機転を利《き》かせたナイスなフォロー

その人・Aさんは元有名大企業の人事部長の職にあった立派な方です。脳疾患で右半身に麻痺《まひ》が残り、私の勤務する老人ホームへ入居が決まりました。身元引受人である長男と老人ホームのケースワーカーとの入居前のアナムネ（Aさんに関する情報収集のための打ち合わせ）によると、Aさんは93歳。奥様に先立たれてからは、自宅で気ままな一人暮らしを楽しんでいたそうです。

しかし、今から1年前に脳梗塞《こうそく》を患《わずら》い、入院。発見が早く一命はとりとめたものの

右半身に麻痺が残り、病院の医師からは「自宅での一人暮らしは難しい」と診断されました。兄弟間で協議の結果、長男宅で引き取って面倒を看《み》ることとなったのです。

しかし、運悪く、その長男は会社の命令で関西地方の支店に転勤することになり、受験を控えた子供と奥さまとＡさんの３人で暮らしていくことになってしまいました。Ａさんは長男宅にて、主とした介護者は長男の奥さまがし、それを補助する役割として近隣の介護保険事業所のサービスを利用していましたが、元来気難しい性格。身体の自由を失ってからは、さらに気難しさに拍車がかかり、奥さまをはじめ介護事業者に対しても、自分の思うとおりにいかないことが起きると、麻痺の身体で体当たりの暴力を振るうようになり、介護事業者からは、「身の危険を感じるから」という理由でサービス提供を拒否され、奥さまも精神的に追い込まれうつ状態になってしまいました。

結局、長男が老人ホームに入れる以外に選択肢はないと決断し、Ａさんには、奥さまが体調不良で入院してしまったと嘘をつき、退院までのしばらくの間、老人ホームで生活をしてほしいと頼みこんで仕方なく入居という流れでホームに来ました。ちなみに、老人ホームに入居後、長男や奥さまが老人ホームのAさんを訪ねてきたことは一度もなかったということも、付け加えておきます。

Aさんの老人ホーム内での生活も、自宅と同様「介護拒否」から始まりました。終日自室に閉じこもり、入浴も食事も拒否しています。しかし、そこは介護職員です。素人《しろうと》とは違い、手を替え、品を替え、説得に当たり、徐々に入浴や食事のために自室から出てくるようになっていきます。

Aさんにとって、運が良かったことは、私がいたホームは当時の老人ホーム業界でも一、二を争う困難事例の高齢者を積極的に受け入れることで有名なホームだったことです。介護職員の中には、困難になればなるほど燃えてくる介護馬鹿タイプの職員も多く、自分が「なんとかしてやろう」という猛者《もさ》も存在していました。Aさんは、本人の気質もありますが、なにより体が麻痺し、自由が利《き》かない、思うような行動をとれないことに対し、素直に受け入れることができなかったようです。常にイライラした状態の中で日々を過ごしていました。入浴一つをとっても、なかなか自分の気に入った適温にならず、そのたびに介護職員に対し暴言を吐き、相手が女性だと見るや自由な左足で職員を蹴り飛ばすという行為を繰り返し、職員の間でも問題になっていました。

ある日、大浴場でAさんと同じ男性入居者のBさんの二人が揃って入浴をしていました。Bさんは、元会社の社長さんで職員からの人気も上々な入居者です。難点は、きわめて女癖が悪く、今までに奥さまを何度も取り替えているような強者《つわもの》です。今の奥さまからも「もし、女性職員に悪戯《いたずら》をしたら、容赦なくビシッとやっていただいてかまいませんから」と言われているありさまでした。Aさんと同じ脳疾患で身体に麻痺が残り、入浴も職員の介助を受けて入ることになっています。

その日は、偶然、入浴の順番がAさんと同じになってしまいました。彼は相変わらず担当の介護職員に対し「お湯が冷たい」「石鹸《せつけん》が違う」「もっと力を入れて背中を洗え」「足の指の間を念入りに」と言いたい放題。挙句の果てに、シャワーの掛け方が雑だと言って大声で女性介護職員を叱責し、動く左手で叩いています。

その様子を隣りのブースでシャワーを浴びながら見ていたBさんは、Aさんの言動を否定するかのように大きな声で、「ああ気持ちいい。ここの職員は本当に一所懸命尽くしてくれる。本当にありがたい。どうもありがとう、どうもありがとう」と何度も大声でお礼を言ってくれています。脱衣所で後かたづけをしていた私の耳には、Bさんの心の声が聞こえます。「本当だったら、ぶっ飛ばしてやるところだが、そんなことしたら後々面倒になるだけ。第一、職員に迷惑がかかってしまう」。

だから、この言葉を通して「お前、いい加減にしろよ」と言っているのでした。AさんもBさんの真意に気がついたのか、暴言をやめ「もう出ます」と言って、入浴用車いすを脱衣所のほうへ向けてほしいと、介護職員に促しました。

脱衣所で着替えを済ませ、お茶を飲んでいるBさんと、私は目が合いました。その目は「上手《うま》くいっただろう」と言っているようでした。私も思わずBさんを見て「Good job!《よくできた!》」と言って親指を立てたことを今でも覚えています。

その日以降、Bさんの女性職員に対するセクハラに少しだけ職員が寛容になったと感じたのは、私の気のせいだったのでしょうか。私のこの対応や処理の仕方が、介護の教科書に照らし合わせた場合、正しい対応だったかどうかはわかりません。しかし、老人ホームとは、いわば小さな社会です。入居者や介護職員ら社会を構成している当事者たちが、自分流の考え方、やり方で、課題を解決していくということも、老人ホームの醍醐味の一つなのではないかと思っています。

親の認知症を認めようとしない娘。その顚末は？

夫婦で入居していた妻のCさんの話です。ご主人は元官僚。インターネットでググれば、たくさんの個人情報が出てくるような著名人でした。しかし、入居後1年でご主人は亡くなってしまい、専業主婦だった彼女が一人で入居していました。

Cさんは認知症を患っていましたが、身元引受人である長女は母親の認知症を認めようとはしませんでした。主治医とのムンテラ（病気についての説明）でも、認知症ではなく年相応のボケであると主張し続け、取り合おうとしません。挙句の果てに、認知症ではないので認知症改善薬の投与も不要だと言って、医師の指示を拒絶し、主治医との関係も微妙でした。

そうこうしている間に、Cさんの他の入居者への迷惑行為が目立つようになってきました。「他の入居者の部屋のベッドに潜《もぐ》り込んで寝ていた」とか、「夜中に部屋に入ってきて安心して眠れない」とか、「裸で廊下をうろうろしている」とか……。介護職員もCさんをマークしていますが、当然すべてを未然に防ぐことは不可能です。娘さんには、問題行動が起こるたびに、具体的な行為を報告し、専門医の治療を受けるべきだと助言をしていたのですが、そのつど「みんなで母を認知症にしようとしている」と言って、ヒステリックになってしまいます。

そんなある日、面会に来ていた娘さんより「母の洋服ダンスの中に、汚れた下着が何枚も入っているのはどういうことなのか?」という叱責があり、今後、そのようなことはないように注意してほしいというクレームがありました。

老人ホームの場合、自立の入居者の排泄管理は、原則自己管理です。また、排泄介助が必要な入居者には、適宜「排泄の声かけ」や「排泄支援」をするのですが、Cさんの場合は娘さんの希望で「排泄は自立している」「自分でできる」ということだったので排泄管理はしていませんでした。今まで、何度も娘さんに対し「お母さまは尿意がないので、衣類をよく汚してしまう。せめて夜だけでも『リハビリパンツ(パンツ式の紙おむつ)』にしたほうがよいのでは?」という提案をしていましたが、答えはいつも「NO」でした。

タンスの中に汚れた下着を隠している理由は明白でした。排泄が上手くいかないCさんは、よく下着を汚してしまうのですが、それが娘さんにバレるとひどく怒られるので、それを隠すためにタンスの奥に隠してしまっていたのです。もちろん、隠しているという事実は、すでに居室整備を担当している介護職員から報告が上げられており、この事実をどう娘さんに伝えようかと考えていた矢先に起きた出来事でした。

ある夜、娘さんがいつものようにCさんの面会にやってきました。部屋の前を通りかかると、娘さんの大きな怒鳴り声が聞こえてきます。「お母さん。私よ。あなたの娘の○○じゃない。何言っているのよ。しっかりしてよ！」。部屋のドアが開いており、ちょうど通りかかった介護職員を見つけるや否《いな》や、Cさんは血相を変えて助けを求めて駆け寄ります。「ここにいる変な人が、突然部屋に入ってきて訳のわからないことを言うのよ。私は頭がおかしくなっちゃう。早く助けて……」。

もはや娘さんを娘とも認識できていない様子でした。しばらく押し問答をしていましたが、埒《らち》が明かないのでひとまず引き揚げることにしました。

帰りがけに事務室で娘さんの本音を聞くことができました。実は、娘さんは母親が認知症だということには、おおむね気がついていたそうです。自分でも認知症ではないかと思っていた、と。でも認知症だなんて認めたくなかったと、吐露します。美人で聡明で気立てもよく、官僚だった父親をしっかりサポートしていた憧れの女性であり、人として、母親として尊敬していた自慢の母親が、認知症になって壊れていくなんて認めることはできなかったと言って、涙を流しています。

しかし、これでやっと母親の認知症を受け入れることができるとも言っていました。自分のことさえわからなくなってしまった。その事実に対するショックと、諦めにも似た開き直りが交《ま》じり合った気持ちだと、言っていました。

その後、専門医の診察を受け本格的な治療に入ったCさんは、薬のおかげもあって問題行動は少なくなりました。しかし、Cさんと娘さんにとって、本当にこれでよかったのかどうかはわかりません。気のせいか、娘さんが面会に来る回数も減ってきていました。皮肉なもので、その回数とは逆にCさんは日に日に元気になって自分を取り戻してきています。お互いがお互いのことに気を遣《つか》い、その気持ちが空回りをしていたような気もします。Cさんのようないわゆるエリートの家では、家族間であっても建前での生活が存在してしまいがちです。

今にして思うと、もしかしたらCさんは、わざと認知症のふりをして、早く娘さんを自分から解放したかったのかもしれません。いずれにしても、孤立することなく、介護職員を交えた老人ホームという社会の中で、Cさんにとっても、娘さんにとっても、ベターな生活を手に入れたのだと思います。これも重要な老人ホームの活用の仕方だと、私は思っています。

老人ホームは自宅と同じ病院と勘違いしているとトラブルの原因になる時も

Dさんは本当に穏やかで無口な男性の入居者です。常時、車いすを使用しなければならない身体でしたが、自分で車椅子の車輪を器用に操縦し、自由にホーム内を走り回っています。脳疾患の影響で、多少言語に不自由なところはありましたが、その人柄のお陰で、どの介護職員とも良好な関係を構築できているので、まったく心配はありませんでした。

ただ一つ、介護職員を困らせていたのはDさんの家族、特に長女の存在でした。彼女には、何度も何度も説明をしているのですが、どうも老人ホームを病院と勘違いしているところがありました。ある日Dさんが誤嚥《ごえん》性肺炎で発熱した際、老人ホームの看護師と主治医の判断で、設備の整った病院に入院させて様子を見たほうがいいという結論になり、主治医のよく知る病院へ入院させたことがあります。

その知らせを受けた長女から「なんで入院をさせたのか？」「ホームで見ることができるのでは？」というクレームを受ける羽目になりました。老人ホームには昼間だけだが看護師が常駐し、さらに主治医もついているので、別の病院に入院をしなくとも老人ホーム内で治療ができるはずだと、主張したのです。

この主張は、実は理解できないことではありません。実は私も、老人ホームで働き始めたころは、彼女と同じような考えを持っていました。なんで、この老人ホームは入居者をすぐに病院に連れて行くのだろうか？　看護師もいるし、主治医もいるのに……と。素人目《しろうとめ》で見ると、老人ホーム内には、病院で使うような機器もたくさんあります。それこそ、医師の指示さえあれば、看護師により点滴をすることも可能です。

しかし、老人ホームは、介護保険法上は施設ではなく「在宅」というカテゴリーに入ります。平たく言うと、自宅にいるのと〝同じ〟ということになります。自宅で具合が悪くなれば救急車を呼び、病院に行きます。それとまったく同じなのです。老人ホームには、たしかに看護師が常駐していますが、当然、ごく少数の看護師がいるにすぎません。老人ホームの主役はあくまで介護職員であり、介護職員は入居者の生活をサポートするために配置されているのであり、医療対応をするためにいるわけではありません。つまり、家族に代わって「見守り」や「お手伝い」をしているだけなのです。

さらに、看護師の立場に立って考えた場合、看護師は常に医師の指示に従い、医師と行動を共にしています。主治医がいるとはいえ、医師が常駐しているわけではない老人ホームの場合、看護師の守備範囲は、病院と比べると大幅に狭くなってしまいます。

したがって、老人ホームでは、継続的な医療処置が必要で、常時状態の経過観察をしなければならない病気の入居者の世話をする能力や機能は、原則持ち合わせていないことを理解する必要があるのです。だから、具合の悪くなった入居者のことを考えた場合、「病院を受診する」「入院をする」という選択をすることになります。

当然、入院ともなれば、家族の経済的負担は増えることになります。老人ホームの利用料金を支払いながら、さらに病院の入院費用の支払いも生じるからです。介護費用を取っておきながら、具合が悪くなったら病院へ入院なんて、と思う読者も多いでしょうが、保育園と同じだと考えれば理解できるのではないでしょうか。保育園は、預けた子供の具合が悪くなれば、すぐに迎えに来てほしいと連絡が入ります。

その昔、私が経験した驚くべき事実を話しておきます。急変した入居者を3次救急の大学病院に救急搬送した時のことです。3次救急ですから、いわゆる救命救急センターということになります。当然、搬送される患者は皆重篤《じゅうとく》な状態の方ばかりです。結局、搬送した入居者は、救急隊の懸命の処置も届かず、救急車の中で息を引き取ってしまいました。が、対応に当たった病院側の医師からは、「なぜ、病院に搬送してきたのか？　老人ホームには医師がいるはずだ。その医師がなぜ処置をしないのか？」と驚くような言葉をいただきました。

救命救急側からすると、一刻を争う患者の処置を懸命にやっている中で、医師のいる老人ホームの患者は受け入れの対象外ということになるのだと思います。

しかし、これは明らかに誤解です。老人ホームには主治医はいません。主治医は各入居者との間に存在しているのです。そしてその主治医は通常は近くのクリニックの医師であることが多く、緊急時に適切な対応ができるという保証はありません。慢性疾患に対する対処は可能ですが、急変時には医師は存在しないのと同じだと考えたほうがいいのです。ここが病院とは違うところです。

介護職員に、コミュニケーション能力を求めるべきではない

介護職員にコミュニケーション能力を求めるべきではないと書くと、なぜ？　という疑問を持つ読者は多いと思います。それは、介護職員には必ずコミュニケーション能力があると思っているからだと思います。しかし、現実は少し違います。

コミュニケーション能力の高い人とは、一般的には次のような人ではないでしょう

か。常に明るく、誰とでも仲良くなれ、臨機応変《りんきおうへん》に対応を変えることができる。さらに、自分の良いところを理解し、それを上手に表現することで商談などを優位に進めることができる人。そのような人の場合は、多くの職種で活躍が可能なので、わざわざ介護職員として働く必要はありません。

最近は新卒の介護職員も多くなりましたが、まだまだ歴史が浅い介護業界の場合、老人ホームで働く介護職員は、圧倒的に他の業界からの転職組になります。転職組の介護職員の場合、前職はさまざまですが、共通していることは、何らかの理由でリストラを余儀なくされた人材です。リストラと言うと、会社を首になったと理解する方も多いでしょうが、どちらかと言うと、自ら辞めてきた人のほうが多いと思います。

今でこそ、介護人材は極度の人手不足として有名ですが、つい数年前までは、多くの企業のリストラの受け皿という側面があったのは紛《まぎ》れもない事実だと思います。多くの介護職員の前職を確認すると「ノルマの厳《きび》しい営業マンでいることに疲れた」とか「製造現場の張りつめたストレスの中での仕事に疲れた」という声が多いのです。そして、その疲れた身体を癒《いや》すために介護職員になったという人が多い、と私は感じています。もっと自分らしい仕事がしたいとか、人から感謝される仕事がしたいという衝動に駆《か》られて介護職員になったという人も多いでしょう。

私の周りにいた介護職員には、いわゆる「オタク」と言われている人たちが多くいた、と記憶しています。一つのことに対し、飛びぬけて能力が高い代わりに、多くのことについてはまったく無頓着《むとんちやく》な人たちでした。これらの多くの人たちは、総じて対人関係を上手に作ることが苦手な人たちだったと記憶しています。その代わり、困った行動をとる認知症の高齢者にも、丹念に気長に対応することができ、また、入居者のとる非常識な行動に対しても寛容で、許す気持ちが強い人たちでした。

つまり、多くの介護職員は、対人関係を上手く作ることは苦手なのです。コミュニケーション能力が低い人が多いと考えたほうがいいと思います。その分、正直で嘘がつけない人たちではないか、と考えています。

女性職員は総じて気が強く、男性職員は総じて気が弱くて大人しい

不思議なもので、多くの女性介護職員は総じて気が強く、ズケズケものを言う人が

多いと私は感じています。今の時代、どの業界もそうかもしれませんが、介護業界は、特に気が強くしっかりしている女性が多い業界です。気の強い女性職員であっても対人関係を作ることは苦手な場合が多く、やはりコミュニケーション能力は高いとは言えません。

介護業界では、圧倒的に大人しい男性職員が目立ちます。ただでさえ数が少ない上に、大人しいということになると存在感は無くなります。人間は、けっして悪い人ではないのだけれど、うじうじ、なよなよしている気弱な男性というイメージがどうしても強くなってしまいます。

家族にとって入居者は唯一の人間だが介護職員にとっては多くの中の一人である

当たり前の話ですが老人ホームの職員にとっては、入居者は多くの人の中の一人です。特に、老人ホームの介護は集団介護という介護運営形態なので、介護職員と入居者とが1対1ではなく、5対1、10対1ということになります。したがって、個別に対応することは、どうしても限界があります。極力個別対応をすべきだということは言うまでもありませんが、介護職員と入居者が1対1でない以上、すべてを個別対応とすることは不可能です。

逆に、入居者のご家族からすると、自分にとっては唯一無二の存在である入居者に対しては、特別な配慮をしてほしいと思うものではないでしょうか。ご家族から、老人ホームの既存サービスには無いサービスを要望されるケースがあります。

たとえば、どうしても○×病院に受診したいので、毎月1回車で連れて行ってほしいとか、今まで毎日入浴していたので、老人ホームでも毎日入れてほしいとか、毎度の食事には必ず○○メーカーの○×を出してほしいとか。どの老人ホームも極力要望には応《こた》える方向で調整をするのですが、どうしてもご期待に応えることができない場合もあります。さらに、その要望に対し、十分な費用負担を申し出る家族や、ホーム側の申し出に対し、気持ちよく負担に応じる家族も多くいます。

しかし、ほとんどの場合は、期待に応えることができない場合が多いのです。全体の最適を追求しなければならない老人ホームの場合、部分最適の追求はどうしても苦手な分野になるからです。

老人ホームの場合、職員の配置人数によりできること、できないことが発生します。入居者や家族からのリクエストが整理できて、それに対処するためには、介護職員を多めに配置すれば解決をするのであれば、費用はともかく、現実に介護職員を0・35人増やすといった話になります。当然、0・35人ということは不可能で、0人でなければ一人かということになります。

一人を増やす場合、介護費の負担をお願いするのですが、費用対効果で考えた場合、得策ではないということになり、結果、どちらかが我慢をするということで落ち着きます。前に紹介した特定の病院に対する受診同行などの場合、多くは自費にて他の介護事業所の介護職員をその時だけ雇《やと》い、利用することで対応しているのが現状です。

女性入居者は、自分が好かれる方法をよく知っている

多くの女性入居者は、どう自分が立ち回れば介護職員から好かれるのかを、よく知

っています。女性入居者、つまり「おばあちゃん」の老人ホームでの処世術を見ていきましょう。

●「もの」で釣る入居者の場合

ある入居者は、介護職員にものを頼んだ場合、必ずお菓子をくれます。飴玉一つ、せんべい1枚、缶ジュース1本でも、必ずくれるのです。「ありがとう」とお礼を言われ、「後で食べてね」と一言添えてお菓子をくれます。

当然、介護職員側も悪い気はしません。もちろん、このことは家族にも連絡し、事務所で保存のきくものは、ひとまとめに保管し、後でそっと返しておきます。返すぐらいなら貰わなければいいのにと思われるかもしれませんが、貰うのも介護のうちだと、私たちは考えていました。入居者が職員にお菓子をあげるという行為は、自分も人の役に立ったと、自分の行動で相手が喜んでいることを実感することです。したがって、貰うのも仕事。しかし、いつもいつも職員が貰っていては、何のために入居者がお菓子を買って持っているのかわからなくなります。中には、自分では一切食べずに、すべて職員に配るために買っている入居者もいます。

その昔、私が夜勤をしていると、決まって、お菓子を両手いっぱいに持って事務所を訪ねてくる入居者がいました。「夜勤ご苦労さま。おなかがすいたら食べてね」と言って、毎日持ってきてくれます。持ってくる目的は、自分のことを少しは特別に見てくださいということなのですが、もちろん、そんなことをしなくても、必要があればしっかりと夜勤者は見ています。

何度もそういう説明をしましたが、お菓子の持参は長く続きました。家族と話をし、家族も「それで本人が安心をしているのであれば安いもの。介護職員さんのおやつにしてください」と言っていましたが、こちらとしては、そうはいきません。結局、ホームで買い物を代行していたので、持ってきたお菓子をそのまま次の買い物代行で買ったことにして、上手く循環させるようにしていました。

●可愛い認知症の入居者の場合

この方は、認知症で全介助のおばあちゃんでした。全介助とは、基本的に自分自身では何もできない人のことを言います。介護職員からすると手がかかるので、普通は好かれるケースは少ないのです。しかし、おばあちゃんは介護職員全員から好かれていました。仕草が可愛らしかったことと従順な人柄によるところが、大きかったと思っています。

介護職員の声掛けにも「NO」と言いません。すべて「YES」の笑顔で応えてくれます。「そろそろトイレに行きましょう」「食事の時間です」「ご飯はたくさん食べてくださいね」「水分を取らないと脱水になってしまいます」という声掛けに対し、常に「はい」と回答し、素直に従ってくれます。中には介護が簡単でいいやと考える職員もいたと思いますが、多くの職員は、Bさんは、全面的に自分を信用してくれている、自分がしっかりと彼女のことを考えて対応しなくてはならない、と考えていたはずです。かく言う私も、自分の判断ミスがあればBさんを苦しめることになるので真剣にやらなくては、と思っていました。

現役時代の肩書にしがみつく男性は嫌われる

有料老人ホームでは、男性入居者の多くに介護職員から嫌われるケースが目立ちます。特に、現役時代の肩書にしがみついている男性は嫌われる傾向があります。何かにつけて「俺は元○○企業の部長だった」「○×企業ではこんなことは許されなかった。もっとしっかりやりなさい」などといった発言。現役を離れて20年近く経《た》つのに、未《いま》だに当時の肩書や組織を引きずっている男性。当時のまま自分だけ時間が止まっているような男性入居者。

彼らは総じて介護職員の受けはよくありません。本来、企業人の肩書とは、その企業を退職する時に自動消滅するものであり、今までの実績もチャラになるものだと思います。そして、その後のその肩書は後任者が引き継ぐものであり、自分はもうその任にないということを自分に言い聞かせたほうがいいはずです。少々厳しい言い方になりますが、老人ホームに入ってしまえば、その老人ホーム内では全員同等なのです。かつての肩書や預貯金の金額などで優位に立つことはない、と考えたほうが賢明なのです。

Aさんは、有名大手スーパーの元部長。「ある事件が無ければ自分が社長になっていた」が口癖です。そこにBさんという新しい入居者が入ってきました。Bさんは、有名アパレルメーカーの元重役です。ホームに入るまで、直接二人は面識はありません。しかし、勤務していた会社同士の取引は今も存在しています。

ある日、介護職員が何気なく話した会話の中で、AさんにBさんの元勤務先が判明してしまいました。Aさんは「自分は○○スーパーの元○×部長だけど、現役の頃よくあなたの会社の○○君に売上が足りないと泣きつかれて面倒を見ていたんだよ」と言い始めます。Bさんもその話に合わせ、お礼を言います。ここまでは、和気あいあいでよかったのですが、この人間関係が日に日に激しくなっていきました。

Aさんは、Bさんに対し「誰のお陰であなたのいた○○社は大きくなったと思っているのか。私のいた○×スーパーのお陰だろう。もっと感謝してくれないと困るよ」と高圧的に出ています。最初は話を合わせていたBさんですが、侮辱されるような言動を何度もとられているので黙っていません。「何を偉そうに。あなたは仕事で失敗して失脚したんだろ。部長職を首になって、窓際に長くいたってことは知っているんだ」と反論します。それからこの二人は犬猿の仲になり、そのお陰で入居者全員がいい迷惑になります。

食事も、Bさんの顔を見て食事をするとまずくなるからと言って、Aさんだけ自分の部屋ですませます。入浴やレクリエーションも二人が顔を合わせることが無いように、介護職員が細心の注意を払うようになり、その結果、どちらかを特別扱いしなければならなくなりました。他の入居者からも、二人が口論をしているので止めてほしいという要望が相次ぎ、さらに、入居者の家族からは「二人のことに介護職員の意識が向きすぎているので自分の親がおざなりになっていないか心配だ」と言われてしまいます。二人は介護職員に対しても相手の悪口を言うので、「いい加減にしてほしい」と介護職員が言い出す始末です。結局二人は、介護職員らの仲裁で何度も和解を試みましたが、約2年間冷戦状態が続き、Bさんが体調を壊して入院、病状が芳《かんば》しくなく、結局帰らぬ人になってしまいました。

また、別の入居者の話です。Cさんは元大手日用品メーカーの人事担当取締役でした。人事担当だったからというわけではないでしょうが、介護職員の心を摑《つか》むのが非常に上手で、多くの介護職員が彼のファンでした。Cさんを見ていると次のようなことがわかります。

すでに他界して家族がいない彼にとっては、介護職員が自分にとっての家族なのか、介護職員の相談事などにも乗ってくれ、面倒をよく見てくれます。さらに、さすがなのは、介護職員の愚痴や会社に対する不平不満についても、話をよく聞いた上で、諭《さと》すように会社員としての立ち振る舞いを教授してくれることです。介護職員も、Cさんがそう言うのなら、もう少し頑張って働いてみようという気になるそうです。「Cさんすいません、今日の入浴の時間は予定では11時だったけど、都合が変わって13時からになってしまいました」と介護職員が言うと、「かまわないよ」と気持ちよく応じてくれます。「今日の外食先はお寿司屋ではなく焼肉屋に変更になりました」と言えば「ノープロブレム」と。

単なる物わかりがいいというよりも、全体の態勢を考えて、職員が困らないように立ち振る舞ってくれる、という感じです。「きっと入居者の○○さんが焼き肉が食べたいと、ごり押しをしたんだろう」という裏事情までお見通しです。もちろん、われわれ職員に非がある場合は、厳しく注意をされたことは言うまでもありません。

過去と上手《うま》く折り合いをつけて進化できた人は、老後も上手く生きていける

読者の皆さんの中には「何十年も前のことを何を今さら」と思う方もいるでしょうが、過去の呪縛《じゅばく》に縛られている人は意外と多いものです。仕事一筋、会社の発展に尽くしてきた元企業戦士は、戦場から帰ってきた帰還兵と同じで、喪失感との闘いなのではないでしょうか。そしてその喪失感を埋めてくれるものが家族ですが、その家族との関係が上手くいっていない高齢者も多いようです。家族のために良かれと思い、懸命に仕事に打ち込んできたが、それを家族は、家庭を顧《かえり》みない仕事人間だと酷評し、悪者扱いをされている高齢者。逆に、仕事にかこつけて家族のことを本当に顧みずにやってきて敵《かたき》を取られている高齢者。老人ホームに入居している多くの高齢者を見ていると、経済的な事情も重要ですが、実は、家族関係も非常に重要だと思います。

老人ホームで快適に生活をしている高齢者に共通していることは、家族との人間関係が良好な人が多い。そのことをどうぞ忘れないでほしいと思います。このような話をすると、老人ホームに入居する原因は「家族が面倒を見ることに限界を感じたから

だ」「家族から見放された人が老人ホームに入るのではないのか」と書いていたではないかと、疑問がわく読者もいるでしょう。

たしかに、多くの入居者はこのパターンです。だから、多くの入居者は不本意な形で老人ホームに入っています。しかし、一部の入居者は、家族との良好な関係を維持することができています。その結果、たとえ老人ホームに入っていても、入れ替わり立ち替わり家族が面会にやってきて、外食に行ったり、自室内で談笑をしたりと、自宅と同じように過ごしている入居者も存在しています。

介護職員をしていると、入居者を取り巻く家族関係は手に取るようにわかってきます。毎日のように子供が訪ねてくる入居者、特定の家族しか訪ねてこない入居者、まったく家族の顔が見えない入居者、会社関係者しか訪ねてこない入居者、訳《わけ》アリの人が訪ねてくる入居者などなど。どのような入居者の在り方が正しいのかは論じられませんが、介護職員は訪ねてくる人の状態によって、入居者の生きざまを理解し、少なからず介護のやり方に反映させていくものなのです。

物わかりの良い入居者が職員に好かれるのは、当然のこと

介護職員も当然のこと、人の子です。物わかりの良い入居者と物わかりの悪い入居者とでは、物わかりの良い入居者のほうが好きなのは当たり前です。

もともと、介護職員になるような人は、気持ちの優しい人が多いのです。言い換えれば、気が弱いとか打たれ弱い、傷つきやすいと言ってもいいかもしれません。したがって、いくら相手が認知症で訳のわからないことを言っていたとしても、具体的に悪態をつかれたりすると、心が傷つくのです。

何も文句を言わず、すべてを受け入れ、我慢をしているような入居者に対しては、申し訳ないという思いが生まれ、特別に何かしてあげたい、しなければならないという気持ちになります。費用を負担しているのだから元を取らなければ、しっかりと仕事をさせなければ、と考えるのも人の気持ちとしては理解できますが、大人の対応をしてみると、意外なほどサービスが良くなるということがあるのです。

老人ホームの場合、何をするにしても、どうしても順番を守るということが生じます。なぜなら、多くの入居者に同じサービスを提供するためには、順番が発生するか

らです。入居者の中にはどうしても一番でないと気がすまない方もいます。一番風呂でなければ嫌だ。一番先に食事をしたい。一番先に部屋の掃除をしてほしい。

さらに、老人ホームの入居者には「自分だけのマイルール」というものがあります。食堂の座る「場所」であったり、お茶を飲むカップであったり、コーヒーはミルク多めで砂糖は無し、というような。誰にでもこのようなルールはあるのですが、老人ホームの場合は、このルールを誤ると大騒ぎになります。よく介護職員が遣《つか》う言葉に「不穏」がありますが、このルールを無視すると、まさに入居者が「不穏」になり、その日一日機嫌が悪いということは日常茶飯事なのです。

そのような中、物わかりが良い入居者は当然、介護職員からすると扱いが「楽」ということになります。どうしても一番でなければならない入居者がいるので順番を譲ってもらいたい。そんな時、文句を言わず、笑顔で「どうぞ」と言ってくれる入居者は介護職員にとって地獄に仏、ということになります。もちろん、介護職員からすると、借りができたわけですから、その借りを返したいと思います。何かで恩返しができないかと考え、要求が無くても特別にささやかな便宜を払うことを介護職員は実践します。

介護の世界では「声なき声に耳を傾ける」という言葉があります。実は、何も要求をしてこない入居者に対し、介護職員は意外なほど配慮し、気がつき、考えているものなのです。自己主張が強い人よりも、自己主張がない人や我慢強い人などに、何かしてあげたいと考えるのが介護職員です。老人ホームで、上手く生活をしていきたいのであれば、自己主張はほどほどに、声なき声を聴いてもらえるような入居者になったほうが有利なのかもしれません。

ちなみに、盆暮れの付け届け（お菓子などの差し入れ）は、ホームに必要なのか？私は必要だと思っています。最近の老人ホームでは、盆暮れの付け届けの受け取りを拒絶するところも多いのですが、結論から言ってしまうと、付け届けをしたからといって、特別に入居者が便宜を図ってもらえるということは一切ありません。しかし、差し入れを行なうことによって、介護職員との接点が増え、雑談をする機会が増えるという効果があります。

老人ホームの場合、定期的に入居者の介護方針については老人ホーム側と主治医、そして家族の三者でカンファレンスをする決まりになっています。しかし、カンファレンスではわからない、どうでもいいようなローカル情報は、介護職員との雑談の中に潜んでいます。したがって、差し入れを持っていきがてら、介護職員を捕まえて、最近どう？　と聞いてみることが、意外と重要なことになってくるのです。

第6章

介護とは、実は「お金」の話

介護の沙汰も金次第
良い介護サービスを受けるには、やはりお金がかかります

介護という言葉と「お金」という言葉は、関連性が無いのでは？　そう考える方も多くいるでしょう。介護というと、どうしても身体介護や生活支援などの介護実務が頭をよぎり、排泄などのオムツ交換や入浴をイメージしがちです。しかし、長年高齢者介護に携《たずさ》わってきた私に言わせれば、「高齢者介護とは、お金の話である」ということになります。

十分なお金や資産をお持ちの皆さんは、将来の介護のことは何も心配をする必要はありません。なぜなら、介護に関するたいていの問題は、お金で解決することができるからです。

問題なのは、「お金」や「資産」が無い場合です。私もお金はおろかめぼしい資産は無いので、自身の介護問題については深刻に考えています。そんな私にできることは「要介護状態にならないように健康管理に注意すること」と「要介護状態になる前に癌《がん》になって死ぬこと」だと思っています。介護業界に長年身を置き、自分の将来の

介護のことを考えた場合、お金が無いと解決策がないという現実は殺伐《さつばつ》とした感がありますが、これが現実なのです。読者の皆さんには、ぜひ早めに手を打って事態を回避していただきたいと考えています。

したがって、本章では、介護とお金の話を中心にして話を進めていきましょう。

介護サービスの中で一番コストのかかるものは何でしょうか。

ご承知のとおり、人件費です。ちなみに、多くの介護保険サービスでは、「人員配置」という、人に対する縛《しば》りが存在します。これは法で定められたものです。ちなみに、介護付き有料老人ホーム（特定施設入居者生活介護）の場合の人員配置数は、3対1と決まっています。3対1とは、直接的に入居者の介護業務に従事している介護職員と看護職員は、入居者3人に対し1人の割合で配置をしなければならない、という規定です。平たく言うと、入居定員50人の介護付き有料老人ホームの場合、介護職員、看護職員の配置人数は17人が最低必要であるということになります。

誤解のないように詳細を説明しておきます。人員配置数は常勤換算数なので、会社の規定によりフルタイムで働く職員の月間労働時間が「1」となるため、パートタイマーなどで非常勤職員の場合は、2人で「1」、3人で「1」という計算になります。職員の頭数で考えた場合、50人定員の介護付き有料老人ホームの場合の介護職員、看護職員の総数は、おおむね30人程度になるケースが多いと思います。

規定の人員体制では、介護フォーメーションは成り立たない

多くの老人ホームの場合、既定の人員体制では十分な介護サービスの提供ができないので、多めに人員を配置しているのが実情です。これは、老人ホームの宿命ともいえることですが、入居者の経年劣化（不謹慎な表現方法ですが、一番わかりやすい表現なのであえてこう記載します）により、入居者の身体の状態が年々悪化し、職員の手がかかっていくため、職員配置数を増やしていかないと日常業務に支障をきたしてしまうからです。

当然、介護事業者が受け取る介護報酬は、既定の人件費分は含まれているのですが、規定以上に配置した人件費は報酬に含まれていないのが原則です（ただし、特別な役割や能力のある職員を配置する場合に「加算報酬」という特別な報酬を受け取れる仕組みは存在します)。したがって、運営事業者側の立場で考えた場合、規定より多くの介護職員、看護職員を配置した場合は、自らの利益を削るか、それとも、入居者に価格を転嫁し負担をしてもらうか、2つのうちのどちらかを選ばなければなりません。

もちろん、一概にどちらが良いということではありませんが、質の高い介護サービスを提供している老人ホームの場合は、多めに配置した人員に対する費用は価格に転嫁し、入居者に負担をしてもらうケースが多いと思います。

介護の質は、お金で買うことが可能です

ピンとこない読者も多いと思いますが、介護保険制度が決めた人員配置で老人ホーム運営を行なっている場合、外出や病院受診は家族が対応するのが普通です。外出も病院受診も入居者の自由ですが、その対応はホームの介護職員にはできません。または、外部の支援業者に頼んで自己負担で利用してください、ということになります。

老人ホームの場合、あくまでも老人ホーム内で入居者に対し、必要最低限の介護サ

ービスを提供することを介護保険は目指しているからです。プラスα《アルファ》のサービスには責任を持てないということになります。

言葉が適切かどうかはわかりませんが、介護保険制度とは国が国民に対し約束している「生きていくための必要最低限の保証」なので、それ以上のことを望む人は、サービスを提供している事業者と別途契約をし、相応な自己負担をして対応してください、ということなのです。

最近の老人ホームで起きている事件や事故は、この介護保険制度の「立て付け」に対する不適切な運営と解釈の間違いが原因になっている気がしてなりません。

介護保険制度は、総費用の1割から2割の自己負担でサービス提供を受けることが可能ですが、そのサービスに対する利用者側の過度な期待が介護職員を追いつめているとも言えます。事業者側は「すべては利用者さまの笑顔のために」などと耳触《みみざわ》りの良いキーワードを掲げて営業活動をしています。けれども現実には、介護保険制度の枠内で運営をしている以上、できることとできないことがあります。

介護職員に対し、過度な労働をさせていることが、事件や事故を誘発しているとも考えられます。重要なことは、介護保険制度というセーフティーネットの中でできることとできないことを明確にし、それを関係者全員に周知するということです。介護職員が多く配置されていれば、痒《かゆ》い所に手が届く介護サービスの提供が可能となります。しかし、そのためにはそれなりの金銭負担が必要になることも忘れてはなりません。つまり、「介護の沙汰は金次第」ということになります。

最近よく見る老人ホームの広告に「手厚い人員配置」というのがあります。これは、他のホームより多くの介護職員、看護職員を配置していることを謳《うた》っているのであり、同時に料金が少し高い理由の根拠として使われています。

つまり、他のホームより多くの介護職員が配置されているので、少し費用はお高いですが、その分、他のホームよりも手厚い介護サービスの提供が可能です、というわけです。

看護師の配置や理学療法士の配置を手厚くして、他の老人ホームとの差別化を訴えている老人ホームも多くなってきました。「24時間看護師常駐なので医療対応に強い」とか「理学療法士が常駐しているので、リハビリができます」などと言っています。

特殊な能力の人員を配置する費用は入居者が負担することになるので、他の老人ホームと比べると割高になっている、という具合です。

一定の機関で専門的な教育を受けてきた看護職員や理学療法士が配置されているということは、入居者に「安心」をもたらし、質の高いサービスの提供を可能にします。しかし、その分の追加費用は入居者が負担しなければならないので、支払いが十分にできない高齢者はサービスの恩恵を受けることはできません。やはり「介護の沙汰も金次第」ということになるのです。

入居者満足度を高めるための取り組み――「旅行」

多くの老人ホームの使命の一つに、入居者満足度を高める取り組みがあります。その取り組みの中で、一番オーソドックスなものが「旅行」ではないでしょうか。

結論から申し上げます。老人ホームの「旅行」は多額の費用がかかります。1泊2日のバスを使った小旅行で一人当たり十数万円は楽にかかります。しかもこの金額は原価です。旅行代理店などを通せばこの数倍の金額がかかるでしょう。

われわれ健常者にとっては、大したことではない小旅行も、介護が必要な高齢者にとっては本当に高価なものになるのです。かつて私が働いていた老人ホームの入居者の方から「若いうちにどんどん旅行に行っておきなさい。私のようになったら旅行なんてそう簡単に行かれなくなるのだから」と言われたことが思い出されます。

老人ホームで旅行を行なう場合は、まず旅行を企画するところから始めます。あらかじめ参加者の抽出をしておくのですが、参加者の状態を考慮して目的地と日程を決定します。ちなみに、日程は1泊2日になります。その理由は後で記します。

目的地は、首都圏の場合は箱根《はこね》や熱海《あたみ》といった有名観光地がオーソドックスなところです。日程、場所が決まれば、次にやることは下見です。日程に合わせ数名の介護職員がチームを編成し、行程を細かくつめていきます。

一番重要な課題はトイレの確保です。車いすの入居者も多く、さらにオムツ交換が必要な入居者もいるので、それに適した設備が完備されている休憩場所を探さなければなりません。さらに、宿泊先のホテルの選定も重要です。通常は小規模のホテルや旅館の一部を貸し切りで利用するのですが、ホテル側の理解を得ることができずに、宿泊先の選定にとても苦労をしたことを思い出します。

さらに、旅行の楽しみの一つ、入浴と食事についての打ち合わせを行ないます。入浴については、どのようなフォーメーションでしてもらうのかなど、細かく検討します。万一の時に備えてどう対応するのかも考えなくてはなりません。ちなみに、入浴時の万一の時とは、何も入居者が溺《おぼ》れるということではありません。温泉内で便を漏らした場合の対応策のことを言います。介護職員であれば当たり前によくある話です。

食事についても、細かく打ち合わせを行ないます。介護の必要な入居者は、塩分ダメ、糖分ダメ、油分ダメ、青魚ダメなど、ダメな食材も多く、ご当地自慢の料理が食べることができない人もいます。介護職員としては、なんとか食べさせてあげたいと考え、ホテル側と細かい打ち合わせを行ないます。下見の最後は、当日の夜の介護体制についての確認作業です。畳に布団の入居者と、ベッドが必要な入居者。さらには、介護用ベッドでなければならない入居者の割り出しと部屋割りを行ないます。そして、同行しなければならない介護職員の必要最低人数を積算することになります。

旅行に行くことができるのは、留守番の職員のお陰

一番重要な作業は、同行する職員の人数とメンバーの確定です。忘れてはならないのは、旅行に参加しない入居者も多くいるので、留守番部隊の編成。当然、旅先で万一のことがあっては困るので、万全の態勢で介護フォーメーションを考えます。その結果、多くの介護職員が同行することになります。

しかし、老人ホームには、重度者を中心に多くの入居者が残り、いつもと変わらない日常があります。その入居者のことも考えなくてはなりません。介護職員の能力を考慮に入れ、旅行から戻ってきてからの日常生活での勤務体制の立て直しも計算に入れて、職員のやり繰りをすることになります。旅行中の介護職員は長い休憩は取れません。つまり、ほぼ休憩なしの状態で、１泊２日の日程をこなさなければなりません。だから、日程は１泊２日が限界ということになります。

さらに、旅行から戻ってきた介護職員は、旅行時の休憩をまとめて取るため、順次休みに入ります。いくら仕事のためとはいえ、労働基準法に違反させることはできないので、厳格に休みを取ります。したがって、完全に介護職員が老人ホームに戻って

くるまでに、戻ってから通常のフォーメーションになるには1週間から10日程度はかかってしまうのです。

少し整理してみましょう。まず、下見費用がかかります。ホテル側との食事の試食をはじめ、さまざまな雑務に費用がかさみます。当然、下見をした介護職員らの日当も旅行代金に充当されます。次に観光バスの手配ですが、1台のバスには定員の半分以下しか乗ることはできません。2人がけのシートに一人の入居者が陣取り、介護職員も同乗するからです。さらに、おむつ交換用の車両を1台用意することになります。これらもすべて費用に充当されます。

一番大きな費用は同行する介護職員の日当です。当然の話ですが、深夜帯には深夜割増が付きます。介護職員は全員、各部屋と廊下、必要があれば階段などにも配置され、一晩中寝ないで番をします。当然排泄介助の必要な入居者は同じ部屋に集め、ベッドで寝ているので、ホームと同じ要領で排泄介助を行ないます。

これらすべての費用を旅行参加者の頭数で割った金額が、一人当たりの旅行費用ということになります。前述の通り、旅行代理店に頼んだ場合は、この金額に代理店の手数料が乗りますので、さらに高くなります。

このように老人ホームの旅行はかなりの費用と労力がかかります。今は昔と比べ、高齢者介護に理解のあるホテルやレストランも増えましたが、それでも、かなり大変な負担のかかるレクリエーションだと思います。多くの老人ホームでは、半年前ぐらいから準備を進め、家族と入居者双方に対する説明を行ないます。私の経験から申し上げると、金銭的な軽減からではなく、職員の労働力の軽減に協力しようと一緒に旅行に参加してくれる家族もいます。入居者であるご主人は、身体の状態が悪いので参加はできませんでしたが、奥様が手弁当のボランティアで参加してくれた例もありました。

たかが1泊2日の小旅行ですが、旅行が終わった後に残る疲労は、とてもすがすがしいものがあり、参加者全員に達成感があったことが思い出されます。参加した家族の中には、涙を流しながら最後の親孝行ができたと喜んだ人もいました。介護職員側も、大変な苦労をしますが、そんな様子を見るにつけ、自分たちのしたことが正しいことだと実感でき、次の活動につながる体験ができます。「普段はろくに食事をしない入居者さんがホテルの料理は全部食べていた」とか「寝たきりの入居者さんが、朝食のビュッフェでは何度も食べ物を取りに行きたいと希望していた」とか、普段は見ることができない姿を目にすることもできます。

老人ホームで「旅行」をするという話を聞いた場合、そのホームは一生懸命やっているホームだと理解をしてあげてほしいのです。そして、「旅行」ができる老人ホームは、優秀な介護職員がいるホームだと考えてください。

いくつになっても、どのような状態になっても「旅行」は楽しいものであり、素晴らしいものだと思います。可能であれば「旅行」に参加できるような経済能力は保持していたいものです。

誰も住んでいない自宅を、有効利用できない理由とは

老人ホームの入居者の中には、誰も住んでいない自宅をそのまま放置している方が少なくありません。私が勤務していた老人ホームの入居者の中にも、かつて住んでいた自宅をそのままにして、老人ホームで生活をしていた入居者が多くいました。中に

は、毎年数回、専門業者に庭の手入れや、宅内の掃除などを依頼している入居者もいました。

私は当時数名の入居者に対し、「家は誰も住まないと傷《いた》みます。思い出の家を売るというのは忍びないので、誰かに貸したらどうでしょうか。少なからず家賃も入り、経済的には有効だと思いますが」と聞いたことがあります。しかし、全員からの回答は「今のままでよい」ということでした。

ある人は、近くにいるお子さんとは別々に住んでいて、経済的にもお互いに依存し合う状態ではないようでした。平たく言うと、お互いに今の生活を維持するために必要な資産は十分に持っているということでした。老人ホームに住むために必要な金融資産は十分にあるので、わざわざ貸さなくても問題はない、ということのようです。

またある人は、すでに自宅などの不動産を含む自分名義の財産の管理は、息子夫婦がやっているので、自分にはもう口を出すことができない、ということでした。これも、息子夫婦の判断に従うことが、自分にとって一番有利な生き方であるということなのでしょうか。

入居者の自宅を有効利用しない理由はさまざまですが、全員に共通している理由が一つあります。それは、万一の時は「自宅に帰る」という選択肢を持ちたいということです。万一の時とは、老人ホームが潰《つぶ》れてしまった時とか、どうしても我慢することができないことが起きて退去しなければならない時、などです。

多くの入居者にとって、老人ホームとは終《つい》の棲家《すみか》という気持ちで入居するものです。が、それとは裏腹に「いざ」という時は自宅に戻るということも頭にあるのだということに、その時気づかされました。自虐的な言い方になりますが、実は老人ホームの入居者は、老人ホームに対し１００％の信頼は持っていないのだ、ということです。

視点を変えた「お金」の話。老人ホームの収益構造は、こうなっている

お金の話をつづけます。

有料老人ホームの場合、土地、建物の取得に対する費用は、社会福祉法人が運営している特養と違い、すべてを自己資金または金融機関からの融資で賄っています。つまり、行政機関からの「補助金」や「助成金」はありません。したがって、一般的な民間企業とまったく同じスキームで事業をしているのだと理解していただければＯＫです。当然、収益に対する税金なども、一般企業とまったく同じです。

毎月の収入は、「月額利用料」「介護保険報酬」「自費サービス費用」から成り立っています。

「月額利用料」とは、老人ホームの家賃や管理費、食費などから構成され、入居者は全額を自己負担することになります。

「介護保険報酬」について、ここでは介護付き有料老人ホームの場合で説明をしていきます。入居者は要介護度に応じて事前に介護報酬（区分限度額）が設定されています。

自費サービス費とは、老人ホーム側が用意している「＋α」のサービスに対する費用で、いわゆるオプションというものです。入居者が買い物へ行く時の付き添いサービス費として○○円、という具合です。老人ホームにより月額利用料金の中に含有している場合もあり、取り扱いは老人ホームによってまちまちです。

いずれにしても、老人ホームの毎月の収入は、この3つの収入の合計金額になります。月額利用料が20万円（家賃10万円、管理費5万円、食費5万円）と要介護2の入居者の場合の介護保険報酬20万円と自費サービス費用となり、月額40万円＋αとなります。

このケースの場合、月額40万円の収入のうち、約半分は公的な「お金」。売上の約半分を公的な資金に依存しているのが老人ホームの事業スキームなのです。なお、公的資金の内訳を正確に申し上げると、40歳以上の人が負担している介護保険料と国と地方自治体が負担している税金、というわけです。

老人ホームが増えれば増えるほど、そして入居者が増えれば増えるほど、高齢者介護保険市場の規模は大きくなりますが、当然、その分、公的資金の投入額も多くなってしまいます。

高齢者介護業界が大きくなればなるほど、成長すればするほど、この50％程度の負担が比例して増えていくので、支払い原資の確保をどうするのか、という流れになっていきます。最近、よく言われているのは、40歳以上に負担してもらっている介護保険料支払い対象年齢を引き下げるとか、介護保険料を値上げするとか、収入や資産のある高齢者の負担を3割や4割に変更したい、ということです。さらに、介護保険報酬自体を下げるという話も出ていますので、老人ホームは現在の介護保険報酬に依存している経営体質をどう変化させていけばよいのかを、日々考えなければならないご時世になってきています。

介護保険がなかった2000年以前に先祖返り

私が言いたいのは、老人ホームを含む高齢者介護業界の無条件の成長は、結局は「タコの足食い」状態であり、わが国の国力に大きく依存することになるということです。平たく言ってしまえば、国に元気があり、収入が多ければ問題はないと思いますが、そうでない場合は、高齢者の介護をするには若い世代の収入から「お金」を移動させる必要があります。その分、若い世代の所得が少なくなることが考えられます。

それが嫌な場合は、高齢者介護に使える国の予算は○○円しかないので、この予算の中で賄ってください、ということになります。大きく予算を削減された場合には、介護事業者の経営を直撃し、結果として儲からないから介護事業から撤退しようということになります。最終的には2000年以前の介護保険制度が無かった時代に戻るということになるのではないかと考えています。

つまり、高齢者介護とは、サービスである必要はなく「行政が行なう処分」「措置」として、社会にある必要最低限のセーフティーネットであればよいのだということです。国や地方自治体が整備するものは必要最低限にとどめ、よりよいサービスを求めたい者は、全額自己負担にて民間のサービスを受ければよい、と。東京オリンピック終了後の2020年以降、今の介護保険制度が大きく変わっていくことが避けられない高齢者介護業界。間違いなく、「介護の沙汰も金次第」になっていくものと、私は思っています。

最低でいくらかかるのだろうか？

月額20万円の老人ホームに入居した場合、実際にはどれほどの費用がかかるのでしょうか？　老人ホームに入居している高齢者は、まず医療費がかかります。もちろん疾患《しっかん》によってまちまちですが、最低でも1カ月に1万5千円は見ておく必要があります。

次に、衛生費（オムツ等）がかかります。これも、利用頻度や利用方法によって違いはありますが、月額1万5千円程度はかかります。これだけで、別途3万円になります。さらに、介護保険報酬の自己負担分があります。仮に前出の要介護2で20万円だったとすると1割負担の入居者であれば2万円、2割負担であれば4万円が必要です。ここまでで別途5万円から7万円が、毎月老人ホームに支払う月額利用料金20万円とは別に必要になります。その他として、たばこや飲酒などの嗜好品《しこうひん》費用や、たまには「外食でもしたい」「ホーム企画のレクリエーションに参加したい」「洋服や布団を新調しよう」ということも起きると思います。したがって、月額利用料20万円の老人ホームに入居をした場合、毎月最低でも25万円から27万円は必要であり、余裕を見れば30万円は欲しいところです。

その金額をどう捻出《ねんしゅつ》していくのでしょうか？

多くの高齢者は年金と預貯金とで捻出するということになります。単純計算で、年間３６０万円、仮に10年間生きたとすれば３６００万円です。うち50％は年金で賄《まかな》うとして、１８００万円の余剰金は必要だと思います。

この資産はおそらく最低限の試算になります。現実には、さまざまな事件が起こり、もっとお金が必要になるのではないでしょうか。「備えあれば憂《うれ》いなし」。やはり、「介護の沙汰も金次第」ということになるのです。

30代から介護費用を準備しておくことの重要性

私は現在50代ですが、この年になってもなかなか自分の高齢期に対する生活をイメージすることができません。ましてや、今の20代、30代の皆さんには、自分の高齢期のことなど想像することもできないと思います。当然ですが、来るか来ないかわからない自分の高齢期のことよりも、もっと目先のこと、つまり、今の仕事のことや家族のこと、場合によると自分の親のことで精一杯で、自分の老後のことまでかまってはいられない、というところでしょう。

しかし、私自身、自戒の念を込めて言わせてもらえれば、50代になった今、若い時から備えをしておく必要があったのではないかと、少しだけ後悔しています。読者の皆さんには、早めに備えをしておくことをお勧めします。そのためには情報の収集と理解が重要です。

自分が65歳になって、会社人生を完了した後、どのように生きていけばよいのでしょうか？　2つの選択肢が常に頭をよぎります。1つは、収入を獲得することができなくなった場合、獲得できなくなった時点から5年程度で「死ぬ」ということ。もう一つは、開き直って、すべてを使い果たした後は「生活保護」を受けよう、ということ。

これからの時代は、今の高齢者と比べた場合、おそらく年金が半分以下になると思います。したがって、老後に必要な金額が仮に30万円だとした場合、半分以上は自助努力でなんとかしなければならないということになります。私にも多少の貯えもありますが、とうてい盤石《ばんじゃく》な老後を送ることなどできる金額ではありません。さらに子供もおりますが、自分の老後の生活について、子供の収入を当てにするということも考えられません。なぜなら、自分が高齢者になって、仕事もできない年齢になった場合は、当然、自分の子供にも子供ができ、学費などで多くの出費がかさむ時期だからです。

このあたりのことに思いを巡らせていると、私の頭の中は徐々に整理され、出した結論は……収入が無くなった時点から5年程度は蓄《たくわ》えで生活はできるが、それ以上は難しい。したがって、収入が無くなった時点から5年以内に死ぬという選択肢が一番賢明なことだと考えています。

最近、よく政府発信で「健康寿命」というキーワードが出ています。さらに、1億総活躍社会と称して働き方改革を行ない、どのような人でも、その人に合った働き方で所得を得ることが大切だ、とも言っています。

私の解釈では、「個人の老後に対し、昔のように国が丸抱えで面倒を見ることはできないので、皆さん自分で対策を考えて自己責任でお願いします」と言っているような気がしてなりません。「ピンピンコロリ」という、昔からよく言われている言葉があります。自分の老後を真剣に考えた場合、この言葉には妙に納得感があり、昔の人は上手いことを言うものです。

「生活保護」ということが頭をよぎることも……

読者の皆さんは、生活保護についてどこまで理解できているでしょうか？　私は、自分の老後のことを真剣に考えた場合、いざとなったら「生活保護」で生きていくという方法もあるのかな、と思っています。

生活保護は、国民の権利なのですから、該当する方は申請し受給をすることになんらためらうことはないと思います。しかし、その原資は税金であり、税金の原資は一人ひとりの国民が働いて稼ぎ出す所得の一部ということになります。したがって、私のように「老後は生活保護で暮らしていく」と多くの高齢者が考え、実行した場合は保護費の予算が枯渇《こかつ》し、やがて支給することすらできなくなってしまいます。だから、なんとか自分は生活保護に頼らなくても自活できるようにしていかなければ、とも思っています。

現在、老人ホームの中には、要介護認定さえ受けていれば、生活保護受給の高齢者を積極的に受けているところもあります。もちろん、多くの老人ホームは、社会福祉の観点から、かかるコストを企業努力で極力減らし、困っている貧困高齢者を対象に運営を行なっているところも多くみられます。

しかし、中には「貧困ビジネス」と言われるように、要介護の生活保護受給対象高齢者であれば、文句を言う家族もいないし、適当に介護支援サービスをやっているふりをして介護報酬を受け取り、莫大な収益を上げている悪質な老人ホームもあるようです。

いずれにしても、高齢者介護ビジネスのスキームは前述の通り「タコの足食い」であり、公的資金によって介護保険事業者の経営は維持されているのが実態なのです。介護サービスが必要な高齢者が増えるにしたがい、介護報酬も増え続け、結果、税金の負担も多くなるという構図がある限り、介護保険業界の拡大を手放しで喜んでいるわけにもいきません。

医療保険と介護保険との違いを考える

私は、自身が介護保険業界の末席にいる身分として、いつも考えていることがあります。それは、日本の医療保険制度（皆保険制度）は、本当に助かる制度だということとです。私は医療の専門家ではないので、日本の医療保険制度が直面している課題についてはよくわかりません。しかし、日々医療サービスを受けている消費者の立場で考えた場合、医療保険の存在には本当に感謝しています。

毎月、医療保険は給料より天引きされています。が、今の金額については納得感があります。もちろん現状は、1年間に私が支払う医療保険料の合計は、私が医療機関に支払っている自己負担分を加えた医療費総額よりも多いはずです。つまり、自分の収支は赤字だと思います。しかし納得感はあります。

それは、いずれ大病した時に恩恵を受けることをイメージできているからです。人は生まれたその瞬間から死に向かって生きていると言います。私もそうですが、多くの人が高齢期になると病気にかかり、その病気はおそらく癌《がん》です。その治療のためには手術と入院が必要不可欠で、莫大な費用がかかりますが、そのほとんどは医療保険制度で解決できると思っています。

医療は自分の命に直結することなので、無意識に納得をしているのかもわかりません。これに引き換え、介護保険制度はどうでしょうか？　私を含む多くの国民にとって、医療保険ほど重要だという認識はないのではないでしょうか。私もそうですが、自分が癌か脳疾患で死ぬようなイメージは何となく理解できていますが、自分が認知症になったり、手足が不自由になったり、排泄が自力でできなくなったりするイメージはわかないのが現実です。

私のように身近に多くの要介護者を見てきた者であっても、自分がそうなるというイメージがなかなかわかないのです。おそらく、医療と介護の違いは、民間の保険の数の違いと同じだと考えています。生命保険や医療系の保険は現在世間には山ほどあります。ありすぎて、何がなんだかわからないぐらいです。それに引き換え、民間の介護系の保険は、まだまだ少数にとどまっているのが現状です。

保険の話をすると、読者の中には「だまされないぞ」と感じる方も多くいると思います。しかし、私が実感していることは、お金のある人、資産のある人や所得が高い人の場合は、保険は不要だと思いますが、お金の無い人、所得の少ない人の場合は保険を活用しない手はない、ということです。そういう私も自分の保険のことになると、二の次三の次になってしまっているのが現実ですが……。

十分な月額費用の負担ができなかった悲劇

以前、こんな話がニュースが世間を騒がせていました。東京都のある区内の医療法人が経営している老人ホームで、多くの入居者が日常的にベッドに縛られて生活していることが発覚しました。いわゆる虐待です。区が立ち入り検査を行なったところ、100人近くの認知症入居者が徘徊をして危ないからという理由で、職員が手薄な時間帯を中心にベッドに縛りつけていた事実が認められたということでした。

区の介護保険担当者はきわめて遺憾だというコメントを発表していましたが、その後新たな事実が判明しました。多くの入居者は区内にある都営住宅の住人であり、「老々世帯」でもありました。テレビの取材を受けていた入居者のご主人は、おそらく80代の男性だったと記憶していますが、その老人ホームに対し感謝の言葉しか出てきませんでした。

もちろん、奥さまが縛られていることは承知していたようです。しかし、問題の老人ホームが無ければ、今頃この団地から二人で飛び降りて自殺をしていたはずだと話していたことが、印象的でした。後日、区の介護保険担当者がテレビの取材に応じ、入居者の家族からホームに対する苦情はなく、逆に当該ホームが廃止になってしまった場合、自分たちはどうすればよいのかという心配が寄せられている、という事実を公表しています。

この事案の根幹は、お金の問題です。お金がまったくなければ生活保護という選択肢があるのでしょうが、中途半端な年金や資産があるような場合、老後の生活は健康でいられなくなったら終わり、ということです。夫婦で毎月の年金が15万円だった場合、二人とも健康だった場合はなんとかなると思いますが、この男性のように奥さまが認知症になり、とても自宅では面倒を見ることができないという状況になったら、施設に入居させる以外に方法はありません。しかし、当時は特養も待機者が多く、制度を熟知していなければ入居することも難しい状況でもあり、その結果、利用料の安い民間企業が運営するホームに入居をする以外に方法はなかったということなのです。

運営事業者は、通常、その地域の経済的事情、介護事情に見合ったホームを運営するものです。数値的なことが無くても、長年そこで商売をしているような場合、地域の特性は理解しています。この医療法人もこの地域の特性を理解し低所得者が多く存在している地域なので、低価格なホームにニーズがあると考えたのだと思います。当然低価格でホーム運営をしていくためには、一番費用のかかる人件費を抑制することが一般的です。さらに、次に費用のかかる建物や設備費を抑えることが重要であるということは、当然の成り行きではないでしょうか。

身体拘束をしなければならなかったのは、職員が少なかったということなのです。その後、このホームがどうなってしまったのかを私は確認していませんが、この事実が教えてくれたことは2つあります。

一つは社会通念上「いかがなものか」と言われていることであっても、そのサービスに感謝し、現実に助かっている人がいるという事実。2つ目は、介護はやはりお金の問題だということです。取材に応じたこの高齢者も、もしあと5万円、いや3万円の月額費用の捻出が毎月できれば、地域の一般的な有料老人ホームに入居することができたはずなのです。

ＪＲ東海の死亡事故の顚末を考える

数年前、介護業界で話題になった事件があります。認知症の高齢者がＪＲ東海の管理する愛知県大府市内の線路に立ち入り、人身事故を起こした事件です。

この話は、認知症高齢者の悲惨な話ではありません。後日、ＪＲ東海が事故の原因を作った故人の家族に対し、振替輸送費用などの損害金を支払え、という訴えを起こしました。今までの介護業界の常識では、認知症高齢者の痛ましい事故という認識でしたが、この訴えは、家族に対する責任追及という一石を投じました。私の記憶によると、この訴えを受けて遺族が「認知症の高齢者を自宅で見る場合は、当事者をロープで縛っておく以外に方法はないのか」と言っていたと記憶しています。このケースの場合は、高齢夫婦で生活をしていて、お子さんは遠方で別居だったようです。奥さまもいましたが要介護の状態で、事件は、奥さまがついうっかり居眠りをしてしまった隙《すき》に、ご主人が徘徊《はいかい》をはじめ、結果、線路内に立ち入り電車にひかれてしまったということのようでした。

裁判所の判決は、遺族に対し一定の管理責任があるとし、ＪＲ東海の主張を認め、一部の損害賠償を命じましたが、最高裁にて損害賠償義務はないとして結審していま す。私自身も知り合いの多くの弁護士に、この問題の解説を求めましたが、スパッと した説明をしてくれる弁護士はいませんでした。

ＪＲ東海からすれば、当然実損は発生しています。しかも、道路と違い線路内は法律で立ち入ることができないエリアなので、侵入してきた場合は、どうにもなりません。

私の推測ですが、今後、認知症高齢者が増えていき、同じような事件が増えれば、事業者の負担も馬鹿にならず、何らかの方策を考えなければ会社経営がおぼつかなくなるという気持ちも裁判官にはあったのではないでしょうか。しかし、世間の考え方は、「損害賠償なんてかわいそう」ということだと思います。

国は、介護の必要な高齢者を地域で面倒を見る、ということを大きな目標としています。これを「地域包括ケアシステム」と言います。この地域包括ケアシステムを構築するには、認知症高齢者の自宅での介護方法の構築は必要不可欠です。遺族がいみじくも言っていたように、認知症で徘徊する高齢者を、自宅で近隣に迷惑をかけることなく面倒を見るためには、本当に縛っておくか、部屋に閉じ込めておく以外に方法はないということになります。それが無理なら施設へ入れる、ということになります。

高齢者介護とは、本人も家族も職員も地域も、全員がＷＩＮ‐ＷＩＮになる方法を考えなければならないのです。どこかに過度の負担がかかり、一部が決壊している今の状況は、けっして正常だとは言えません。高齢者介護の要諦は、関係者全員の相互扶助であり、各自が分《ぶん》をわきまえ、足るを知ることから始めなければなりません。あの老人が今日も元気に徘徊していると、地域の住民が皆で理解し遠くから見守ること。そのためには、地域で生活が完結できるような社会構造に戻していかなければならないのかもしれません。

移動手段の発展が個人の生活水準を向上させ、国の経済力を高めたことは疑いようのない事実ですが、その代償として、地域内で働く人の数を減らし、地域内の見守りの力を弱体化させてしまったことも忘れてはいけません。そう考えた場合、この事件は皮肉な話であり、将来の高齢者介護の実態を啓示しているように思えてなりません。

切りとり線

★読者のみなさまにお願い

この本をお読みになって、どんな感想をお持ちでしょうか。祥伝社のホームページから書評をお送りいただけたら、ありがたく存じます。今後の企画の参考にさせていただきます。また、次ページの原稿用紙を切り取り、左記まで郵送していただいても結構です。

お寄せいただいた書評は、ご了解のうえ新聞・雑誌などを通じて紹介させていただくこともあります。採用の場合は、特製図書カードを差しあげます。

なお、ご記入いただいたお名前、ご住所、ご連絡先等は、書評紹介の事前了解、謝礼のお届け以外の目的で利用することはありません。また、それらの情報を6カ月を越えて保管することもありません。

〒101-8701（お手紙は郵便番号だけで届きます）
祥伝社新書編集部
電話03（3265）2310
祥伝社ホームページ　http://www.shodensha.co.jp/bookreview/

★**本書の購入動機**（新聞名か雑誌名、あるいは○をつけてください）

＿＿＿＿ 新聞の広告を見て	＿＿＿＿ 誌の広告を見て	＿＿＿＿ 新聞の書評を見て	＿＿＿＿ 誌の書評を見て	書店で見かけて	知人のすすめで

★100字書評……誰も書かなかった老人ホーム

名前

住所

年齢

職業

小嶋勝利　こじま・かつとし

1965年、神奈川県生まれ。長年、大小さまざまな老人ホームに介護職員や施設管理者として勤務した後、民間介護施設紹介センター「みんかい」の経営スタッフとなる。「みんかい」は、相談者に見合う老人ホームを斡旋する国内最大級の組織である。老人ホームの現状と課題を知り尽くし、数多くの講演を通じて、施設の本当の姿を伝えつづけることを使命として活躍している。

誰《だれ》も書《か》かなかった
老人《ろうじん》ホーム
小嶋勝利《こじまかつとし》

2018年3月10日　初版第1刷発行
2020年10月10日　第6刷発行

発行者……………辻 浩明
発行所……………祥伝社しょうでんしゃ
〒101-8701　東京都千代田区神田神保町3-3
電話　03(3265)2081(販売部)
電話　03(3265)2310(編集部)
電話　03(3265)3622(業務部)
ホームページ　www.shodensha.co.jp

装丁者……………盛川和洋
印刷所……………堀内印刷
製本所……………ナショナル製本

Printed in Japan　ISBN978-4-396-11532-6　C0236

〈祥伝社新書〉 本当の「心」と向き合う本

076 早朝坐禅 凛とした生活のすすめ
坐禅、散歩、姿勢、呼吸……のある生活。人生を深める「身体作法」入門!
宗教学者 山折哲雄

183 般若心経入門 276文字が語る人生の知恵
永遠の名著、新装版。いま見つめなおすべき「色即是空」のこころ
松原泰道

197 釈尊のことば 法句経入門
生前の釈尊のことばを423編のやさしい詩句にまとめた入門書を解説
松原泰道

204 観音経入門 悩み深き人のために
安らぎの心を与える「慈悲」の経典をやさしく解説
松原泰道

209 法華経入門 七つの比喩にこめられた真実
三界は安きこと、なお火宅の如し。法華経全28品の膨大な経典の中から、エッセンスを抽出。

松原泰道

〈祥伝社新書〉
歴史に学ぶ

366
はじめて読む人のローマ史1200年
建国から西ローマ帝国の滅亡まで、この1冊でわかる!
早稲田大学特任教授 本村凌二

361
国家とエネルギーと戦争
日本はふたたび道を誤るのか。深い洞察から書かれた、警世の書!
上智大学名誉教授 渡部昇一

379
国家の盛衰
3000年の歴史に学ぶ
覇権国家の興隆と衰退から、国家が生き残るための教訓を導き出す!
渡部昇一 本村凌二

448
東京大学第二工学部
なぜ、9年間で消えたのか
「戦犯学部」と呼ばれながらも、多くの経営者を輩出した〝幻の学部〟の実態
ノンフィクション作家 中野 明

460
石原莞爾の世界戦略構想
希代の戦略家であり昭和陸軍の最重要人物、その思想と行動を徹底分析する
日本福祉大学教授 川田 稔

〈祥伝社新書〉
経済を知る